学生纪律素质教育

萧 枫　姜忠喆◎主编

特约主编：　庄文中　龚　玲

主　　编：　萧 枫 姜忠喆

编　　委：　孟迎红　郑晶华　李　菁　王晶晶　金　燕

　　　　　　刘立伟　李大宇　赵志艳　王　冲

　　　　　　王锦华　王淑萍　朱丽娟　刘　爽

　　　　　　陈元慧　王　平　张丽红　张　锐

　　　　　　侯秋燕　齐淑华　韩俊范　冯健男

　　　　　　张顺利　吴　姗　穆洪泽

　　　　　　左玉河　李书源　李长胜　温　超

　　　　　　范淑清　任　伟　张寄忠　高亚南

　　　　　　王钱理　李　彤

 吉林出版集团有限责任公司

图书在版编目(CIP)数据

学生纪律素质教育 /《"四特"教育系列丛书》编委会编著． - - 长春：吉林出版集团有限责任公司，2012.4

("四特"教育系列丛书 / 庄文中等主编．学生素质教育与培养)

ISBN 978 - 7 - 5463 - 8737 - 6

Ⅰ．①学… Ⅱ．①四… Ⅲ．①中小学生 - 自觉纪律教育 Ⅳ．①G631.5

中国版本图书馆 CIP 数据核字(2012)第 044712 号

学生纪律素质教育

责任编辑　孟迎红　张西琳
责任校对　赵　霞
开　　本　690mm×960mm　1/16
字　　数　250 千字
印　　张　13
版　　次　2012 年 4 月第 1 版
印　　次　2018 年 2 月第 1 版 第 2 次印刷
出　　版　吉林出版集团股份有限公司
发　　行　吉林音像出版社有限责任公司
　　　　　吉林北方卡通漫画有限责任公司
地　　址　长春市泰来街 1825 号
　　　　　邮　编:130062
电　　话　总编办:0431 - 86012906
　　　　　发行科:0431 - 86012770
印　　刷　北京龙跃印务有限公司

ISBN 978 - 7 - 5463 - 8737 - 6　　　　　定价: 39.80元

前　言

　　学校教育是个人一生中所受教育最重要的组成部分,个人在学校里接受计划性的指导,系统地学习文化知识、社会规范、道德准则和价值观念。学校教育从某种意义上讲,决定着个人社会化的水平和性质,是个体社会化的重要基地。知识经济时代要求社会尊师重教,学校教育越来越受重视,在社会中起到举足轻重的作用。

　　"四特教育系列丛书"以"特定对象、特别对待、特殊方法、特例分析"为宗旨,立足学校教育与管理,理论结合实践,集多位教育界专家、学者以及一线校长、老师们的教育成果与经验于一体,围绕困扰学校、领导、教师、学生的教育难题,集思广益,多方借鉴,力求全面彻底解决。

　　本辑为"四特教育系列丛书"之《学生素质教育与培养》。

　　实施素质教育是我国现代化建设事业的需要。它体现了基础教育的性质、宗旨与任务。提倡素质教育,有利于遏制当前基础教育中存在着的"应试教育"和片面追求升学率的倾向,有助于把全面发展教育落到实处。从教育面向现代化、面向世界和面向未来的要求看,素质教育势在必行。这是我们基础教育时代的主题和任务。

　　学校教育的核心工作是培养全面发展的社会主义建设者和接班人,而学生则是未来的主要建设者和接班人,直接关系到整个社会的前途和命运。中小学生正处于青少年时期,其心理生理发展具有不成熟、可塑性强的特点,他们在面对错综复杂的社会时能否全面认识理性分析问题不仅是部分人的问题而是一个社会问题。当代青少年面临更多的机遇和史无前例的挑战,只有树立科学的价值观,才能全面正确地认识自己、他人和社会,才能在认识和改造世界的过程中取得成功。

　　本辑共20分册,具体内容如下:

　　1.《学生身体素质教育》

　　根据中小学生参与体育状况调查发现,学生身体素质呈现持续下降的趋势。针对学生身体素质下降的状况,必须要让体育课落到实处,且要加强开展学校课外体育活动的力度,充分调动广大学生参与课外体育活动,从而提高学生的身体素质,使学生的身心得到健康发展。同时,探寻学校学生身体素质下降的根源,从而提高他们的身体素质。

　　2.《学生心理素质教育》

　　本书的各位作者拥有多年从事心理健康教育和研究的经验,为此,我们运用心理学的基本原理,从同学们的需要出发,编写了本书,它主要包含上面提到的自我、人际、学习、生涯等几个方面的内容。希望同学们能通过本书的学习,掌握完成这些任务的战略与技巧,为你们的长远和可持续发展提供力所能及的帮助。

3.《学生观念素质教育》

不同的人对同一事物产生不同的看法,本来是很正常的事情,但如果不同学生的观念差异太大,甚至"针锋相对",就不能不让人琢磨一下。本书就学生的观念素质教育问题进行了系统而深入的分析和探讨,并提出了解决这一问题的新思路、可供实际操作的新方案,内容翔实,个案丰富,对中小学生、教师及家长均有启发意义。本书体例科学,内容生动活泼,语言简洁明快,针对性强,具有很强的系统性、实用性、实践性和指导性。

4.《学生道德素质教育》

道德素质是人的重要内涵,它决定着人的尊严、价值和成就。良好道德素质的培养,关键在青少年时期。为培养学生形成良好的行为习惯,提高道德素质,只有建立学校、家庭、社会三结合的"立体化"教育网络,才能最有效地促进学生道德行为的养成,全面提高青少年的素质,促进青少年的健康成长。

5.《学生形象素质教育》

我们自尊我们自信,我们尊敬师长,我们自强我们自爱,我们文明健康。青春就是一次又一次的尝试。身处在这个未知的世界,点滴的前进,都是全新的体验,它点亮中学生心中的那片雪海星辰。新时代的中学生用稚嫩的双手创造一个又一个生命的篇章。让我们用学识素养打造强而有力的翅膀,让我们用青春和梦想做誓言,让我们用崭新的形象面向世界。

6.《学生智力素质教育》

教学中学生正是通过语言符号和非语言符号,学习知识、技能,在吸取人类智力成果过程中,使自己的智力得到锻炼和发展。指导学生智力发展应贯串于教学过程的始终。备课、钻研教材、上课、答疑、辅导、组织考试、批改试卷和作业都应当分析学生思维的过程,考虑发展思维的教学措施。

7.《学生美育素质教育》

美育是培养学生全面发展的教育方针的重要组成部分。美育又称审美教育或美感教育,是培养学生正确的审美观点以及感受美、鉴赏美和创造美的能力的教育。美育是实施其他各育的需要,美育是全面发展教育的重要组成部分,它渗透在全面发展教育的各个方面,对学生身心健康和谐地发展有促进作用。

8.《学生科学素质教育》

教育应面向全体国民,以提高国民素质、提高学生科学素养为目标,为学生的终身发展打下基础。本书以培养小学生科学素养为宗旨并依据新课程标准编写。学生通过本书的学习,能知道与身边常见事物有关的浅显的科学知识,了解科学探究的过程和基本方法,保持和发展对周围世界的好奇心和求知欲,逐渐养成科学的行为习惯和生活习惯,形成敢于创新的科学态度,培养爱科学、爱家乡、爱祖国的情感。

9.《学生创造素质教育》

创造才能是各种能力的集中和最有价值的表现,人类社会文明都是创造出来的,所以只有具备创造才能的人,才是最有用的人才。一切发达国家都非常重视青少年创造才能的培养。培养创造才能要从教育抓起,要从小做起。

10.《学生成功素质教育》

本书旨在让学生认识到成功素质教育的重要性。成功素质教育的目的和意义在于:激发学生对于成功的欲望和追求;让学生了解成功素养的内涵和相关解释;通过开展积极有效的成功素质教育,激发学生潜能;让学生自发主动地参与成功素质的行为,由被动转为主动。

11.《学生爱国素质教育》

祖国是哺育我们的母亲,是生命的摇篮,我们应该因为自己是一个中国人而感到骄傲。学校要坚持抓好学生的爱国主义教育,使他们从小热爱祖国。"祖国"一词对小学生来说,比较抽象,因此,他们对学生进行爱国主义教有,注意从大处着眼,小处着手,引导学生从身边具体的事做起。

12.《学生集体素质教育》

一个国家如果没有团结稳定的局面是不可能繁荣兴盛的;一个集体如果没有精诚合作的精神是不可能获得发展的;一个班级如果集体观念淡薄是不可能有提高进步的;一个人如果不加强培养集体意识,他是不可能被社会所接纳的。集体意识的培养对每个学生来讲是至关重要的。学生只有在校园就开始提高自己的集体协作意识,才能在将来的工作中游刃有余,才能让自己的前途得到更好的发展。

13.《学生人道素质教育》

人道主义精神与青年成长的关系非常密切,既关系思想意识上的完善,又关系知识面的拓展。为进一步切实加强青少年的思想道德建设,建议教育部制定切合实际的教育纲要,将人道主义教育纳入中小学生课程。本书从人道主义精神的培养入手,规范未成年人的行为习惯,使他们真正成为合格的接班人。

14.《学生公德素质教育》

社会公德作为人类社会生活中最起码、最简单的行为准则,是和广大人民群众的切身利益密切相关的,是适应社会和人的需要而产生的。它对人们的社会生活具有特殊且广泛的社会作用。每个社会成员都应该自觉遵守社会公德。社会公德是衡量一个国家全民素质水准的重要标志,抓紧对青少年进行社会公德教育,既是推动社会进步的奠基工程,也是社会主义精神文明建设的一项战略任务。

15.《学生信念素质教育》

加强公民道德建设,在全社会树立中国特色社会主义的共同理想和信念,加快构建传承中华传统美德、符合社会主义精神文明要求、适应社会主义市场经济的道德和行为规范。未成年人是祖国未来的建设者,加强和改进未成年人思想道德建设尤其重要。理想信念教育是培养公民素质的本质要求,把学生培养成为热爱社会主义祖国,具有社会公德、文明行为习惯的遵纪守法的公民是我国德育工作的主要任务。在德育体系中,理想信念教育处于核心地位,是德育研究的重中之重。

16.《学生劳动素质教育》

劳动素质教育是向学生传授现代生产劳动的基础知识和基本生产技能,培养学生正确的劳动观点,养成良好的劳动习惯的教育。本书旨在培养学生正确的劳动观点和良好的劳动习惯,使学生掌握初步的生产劳动知识和技能。

17.《学生纪律素质教育》

依法治国已成为我国治国的方略。我们正在建设社会主义法治国家,纪律法制在社会生活中的作用越来越重要,因此进行纪律法制教育也就十分必要了,对青少年学生尤其如此。青少年时期正好是一个人世界观、人生观、价值观的形成时期,在此时加强纪律法制教育,有利于帮助他们掌握应有的纪律法制知识,增强纪律法制意识,提高自觉遵守纪律法制的自觉性,养成良好的遵纪守法习惯。

18.《学生民主法制素质教育》

在推进依法治国,建设社会主义法治国家的进程中,加强对青少年的法制教育,促进青少年的健康成长,我们负有不可推卸的历史责任。为此,本书对当前青少年犯罪的现状、特点、成因进行了调查,对如何进一步加强青少年法制教育和预防青少年犯罪的方法作了一些探索,具有很强的系统性、实用性、实践性和指导性。

19.《学生文明素质教育》

礼仪是一种修养,一种气质,一种文明,一种亲和力,它是人际交往的通行证。青少年是祖国的希望,是 21 世纪国家建设的主力军。培养他们理解、宽容、谦让、诚实的待人处事和庄重大方、热情友好、礼貌待人的文明行为举止,是当前基础教育和学校德育工作的重点之一。将主题宣传教育活动、文明礼仪知识普及活动、日常行为规范教育活动紧密结合起来,培养学生文明行为举止,抓实抓细,必定卓然有效。

20.《学生人生观素质教育》

当代的中学生是跨世纪建设有中国特色社会主义的主力军,他们的人生观如何,关系到他们的本质是否能够得到全面提高,关系到我国社会主义大业的兴衰。因此,学校必须加强对中学生进行人生观教育。在校学生是我国社会生活中被寄予厚望的最重要的群体,他们的人生观变化是社会变化的晴雨表。人生观不仅影响他们个人的一生,而且对国家的前途、命运产生相当大的影响。因此,学校必须加强对中学生进行人生观教育。

由于时间、经验的关系,本书在编写等方面,必定存在不足和错误之处,衷心希望各界读者、一线教师及教育界人士批评指正。

编者

目 录

第一章

学生纪律素质教育的理论指导

1. 课堂教学和纪律管理的关系

用好课吸引学生

好的课文能够吸引学生的注意力，使学生在乐中学。马卡连柯说过："假如你的工作、学问和成绩都非常出色，那你尽管放心：他们全会站在你这一边，决不会背弃你。相反地，不论你是多么亲切，你的话说得多么动听，态度多么和蔼，不论你在日常生活中和休息的时候是多么可爱，但是假如你的工作总是一事无成，总是失败，假如处处都可以看出你不通业务，假如你做出来的成绩都是废品和'一场空'，那么除了蔑视之外，你永远不配得到什么。"有这样一个故事：

一位哲学家的一批弟子就要毕业，哲学家将学生带到一块荒芜的田地中，告诉大家，将在这块荒地完成最后一课。

哲学家提出的问题是："怎样除去这块地上的杂草？"

弟子们各抒己见：

"可以用手拔取这些草。"

"可以使用除草剂。"

"我用火烧的方法。"

"可以通过向土里加石灰的办法，使草失去生长的土壤条件。"

……

哲学家说："大家回去按自己的办法除去地里的杂草，一年以后，都到这儿来，说说效果，这就是我的作业，再见"。

一年后，弟子们陆续从各地来到这块土地上，一年前荒芜的土地已经长满了绿油油的庄稼。可是，老师始终没有来，弟子们开始猜测：从不迟到的老师为什么没有来？大家结合一年前老师提出的问题，再看看这绿油油的庄稼，弟子们明白了：除去杂草的最好办法是什么，用绿油油的庄稼占领；怎样除去心中的邪念，用美德占领……

将这个故事用来思考课堂纪律管理，怎样使学生遵守课堂纪律？让有趣、有用、有价值的课堂教学活动占领学生在教室里的时间。

有一位在小学低段任教的老师布置了一个作业，学生认真地埋头练习。完成作业有快有慢，先完成的同学做完以后就举起了手向老师报告。老师很高兴，开始清点："5个、6个同学做好了……"这时我注意到身边的两位同学明明没有做好，也连忙举起了手，成了老师口中的第9个、第10个。

另外一位老师也教低段，提出一个问题后，一些小手举了起来。老师说："我多么希望看见一片森林。"其余没有举手的"小草"立刻高高地举起了手，加入"树木"的行列，课堂上出现了小手的"森林"。课后我连同上面的课例与这位老师讨论了两个问题：第一个问题是，举手的学生是否真正懂了？关于"森林"的暗示和要求可能带来什么？第二个是学生在课堂上有没有权利不举手？

我个人以为，从尊重人的权利出发，学生是有权利选择不举手的。

将"是否有权利不举手"的问题拓展到上课，我们可以想一想：学生是否有权利拒绝听老师的课？想一想这个答案，我们可能出一身冷汗。当学生行使自己不听课、或者不听你的课的权利时，都不举手时，我们该怎么办？

所以，维持好的课堂纪律从根本上讲是提高老师的教学水平，是增强课堂的吸引力。也就是说，课堂管理的工夫要下在"管"外。当然，从发展趋势看，老师一呼百应、说一不二的时代应该过去，而且正在慢慢地而且必将过去，我们挽不住也不能挽这必然逝去的夕阳。

纪律管理注意事项

（1）避免人为的添乱　有些课堂上的乱是我们的老师在教学设计和教学活动中考虑不周到而带来的，教师自己添了乱。比如在一节数学课上，老师将学生分成几个组，每组派一位同学代表小组上台竞赛。本来老师希望学生振奋精神，关注竞赛内容，但提出的要求却是："为本组学生加油！"小学生立即来了劲："某某某，加油！""某某某，加油！"再控制纪律就比较难了，教学陷入了长时间停顿。

（2）树立遵守纪律的榜样　有了榜样，学生就有了模仿的对象，行为方式的改善就有了具体的标准。很多老师不仅注意树立榜样，而且注意让学生熟悉自己的体态语，老师的体态语指引着学生的行动。

（3）让学生分享老师的情感　比如老师说："某某同学刚才的行为影响了其他同学学习，老师很不满意。""某某同学这样做，老师很为他高兴。"课堂是师生之间情感交流的场所，教师把自己真实的情感体验让学生分享，不仅有利于纪律管理，而且可以使学生学会分享别人情感，尊重别人情感，正确地表达自己的情感。

（4）走到学生的身边去　相对而言，教室后面的学生更容易出现纪律问题，究其原因，教师与他们空间距离大了，心理距离也大了，而教师的影响力却小了。特别是多媒体进入课堂以后，一些教师把鼠标当成了羁绊与学生交流的绳索，更难走下讲台。因此，加强课堂纪律管理的其中一条建议就是：教师要走到学生身边去，相对近距离地对学生施加影响。

（5）使学生产生纪律需求　一般来说，中小学生参与教学活动，除了内部动机外，表扬、奖励等外在因素也是影响学生行为的重要原因，了解和利用学生的外在需求，并使学生产生纪律需求是进行纪律管理的有效手段，如：

"这么多同学举手，老师现在要请一个刚才认真听其他同学发言的小朋友回答。"

"你刚才的发言很精彩，老师想把小红花奖励给你，可是小红花不愿意，它告诉我，它不喜欢不守纪律的孩子。"

"谁更遵守纪律，我就请谁来回答问题。"……

值得注意的是，管理纪律的课堂评价用语一定要针对学生的行为，不能针对学生的人格侮辱学生。一般而言，如果学生的行为有利于学习，是你期望的，你就给予肯定，而且必须明确那一类行为是你肯定的；相反，如果学生的行为是不利于学习，不是你期望的，就应该给予批评，但批评也一定要指向具体的行为。

（6）注意纪律要求的变化 比如对新入学的一年级学生"你这样做很乖"可能巩固某些行为，但三年级，就需要从"我希望你怎么"到"你应该怎么"转变，从"你乖"到"你懂得规则"的转变，有利于将学生的行为表现从谋求老师的赞赏转化到认可和接受纪律的要求。

2．课堂纪律是有效教学的重要途径

有效教学的理念

有效教学的理念源于 20 世纪上半叶西方的教学科学化运动，在美国实用主义哲学和行为主义心理学影响的教学效能核定运动后，引起了世界各国教育学者的关注。20 世纪以前在西方教育理论中占主导地位的教学观是"教学是艺术"。

但随着 20 世纪以来科学思潮的影响，以及心理学特别是行为科学的发展，人们意识到，教学也是科学。即教学不仅有科学的基础，而且还可以用科学的方法来研究。

于是，人们开始关注教学的哲学、心理学、社会学的理论基础，以及如何用观察、实验等科学的方法来研究教学问题。有效教学就是在这一背景下提出来的。

有效教学的核心就是教学的效益，即什么样的教学是有效的？是高效、低效还是无效？几年来，新课程的理念已被我们广大教师所认同，并开始外显于课堂教学之中。但由于对教材的解读能力不强，不少数学课偏离了教学目标；由于一味地追求课堂的活跃和数学教学的生活化，不少数学课失去了应有的"数学味"；由于不加分析地过多地采用自主、合作、探究的学习方式，不少数学课在有限的课堂教学时间内完不成预设的教学任务……

教学作为一种有明确目的性的认知活动，其有效性是我们广大教师所共同追求的。有效教学是教师在达成教学目标和满足学生发展需要方面都很成功的教学行为，是教学的社会价值和个体价值的双重表现。无论课改到哪里，有效的数学教学是我们教师永恒的追求。

怎样在小学数学课堂上达成有效教学，是目前课改热点问题之一。然而，笔者认为，不管是何种教学，维持课堂纪律是提高教学效益的最基本途径。

随着时代的发展，学生的个性也在发生着明显的改变，维持课堂纪律对于很多教师来说已经是一个棘手的问题。个性张扬，自以为是，听不进劝告的学生越来越多，这个情况直接影响了如今课堂的纪律：当课堂上有学生发言时，往往许多学生不听，在座位上窃窃私语。而让他们回答问题的时候，却哑口无言或答非所问。这样的教学何谈有效？笔者通过多年的教学实践，总结了一些课堂纪律管理策略。

巧妙地运用聚焦

在你开始上课之前，一定把教室里所有人的注意力都集中在你的身上，如果有人在私下聊天，你不要开始讲课。

没有经验的教师或许会认为，只要开始上课了，学生自然就会安静下来，以为学生会看到课堂已经开始，该进入学习状态了。有时这会起作用，但学生并不一定总会这么想，他们会认为你能接受他们的行为，不在意你讲课时有人说话。

聚焦这个技能意味着，你应该在开始上课之前要求学生集中注意力，即只要还有人没安静下来，你就一直等下去。有经验的教师的做法是，在所有学生都完全安静下来之后，再停顿三五秒钟，然后才开始用低于平时的音调讲课。

多年的教学实践使我发现，讲课语气温和的教师，通常比嗓门大的教师课堂更加安静。因为学生会为了听到他的声音而保持安静。

处理违纪行为要及时

当学生在学习过程中出现违纪行为时，教师应该迅速判断学生是有意还是无意地破坏课堂纪律，并作出反应及时处理。一般来讲，如果一个学生只是在课堂上表现得比较消极、散漫，教师不必立即公开处理，可采用沉默、皱眉、眼神提醒等方法。如果一个学生的违纪行为已明显干扰整个教学过程，教师就应该立即处理，并按情况采取提示、暗示、制止，甚至惩罚的方法。如果学生为了吸引教师的注意，比如接话、出怪声等，教师可以暂时不予理睬的方法，课下再给予处理。有经验的教师一般都知道，如果让那些出现了行为问题的学生成为教室里的注意焦点，他们反而会获得成就感，进而得寸进尺。因此，教学过程中，教师不仅要做知识的传递者，还要密切监控学生的行为表现，对问题的发生要有一定的预见性。然后要以不太引起别人注意的方式处理学生的行为问题，避免其他学生受到干扰，尽量不要中断教学的正常进行，尤其是不要频繁地中断教学来处理违纪行为。

不间断地实时监控

实施这一条的关键是教师在教室里四处走动。当学生在做作业时，在教室里巡回走动，检查他们做的情况。

有经验的教师会在学生开始做作业两分钟后对教室进行巡视，看是不是所有学生都开始做了，都在做该做的事情。延迟两分钟是很重要的，因为学生已经做出了一两道题，或写完了几个句子，这样你就可以检查是否正确。对于需要帮助的学生，教师应提供个性化的辅导。

那些还没怎么开始做的学生会因为老师走到跟前而加快速度，而开小差的学生也会被其他同学提醒。除非教师发现了共性的问题，否则，教师不要打断全体学生，不要进行集体指导。

创设合理的课堂结构

课堂中的纪律状况往往与教师给学生的形象、威信及处理问题的方式等密切相关。别看小学生年龄小，可"心眼"还挺大，为了维持纪律和进行课堂管理，教师要不断提高自己在各个方面的素养水平，热爱本职工作，对工作充满信心，情绪饱满地投入教学，热爱学生，与学生建立融洽师生的关系，并注意有时应站在学生的角度看待问题，营造和谐的课堂气氛。首先，教师要精心设计教学结构，这是管理课堂纪律的一种有效方法。教师要花大力气认真细致地进行教学设计，有条不紊地进行教学，情绪稳定，安全感强，教师要用学生喜欢的方法，教学艺术性和愉快的情绪，良好的心理状态去感染学生，减少学生的背离性，避免课堂秩序的混乱。课堂教学结构的设计既要以学生的需要、兴趣为前提，也要考虑教学内容的性质。不能为了纪律好，而脱离教材的内容去讲一些笑话之类的东西。课堂常规也是课堂情境结构之一，因为必要的课堂常规可以起到安定情绪的作用，学生容易把注意力集中到当前的听讲的学习活动上。教师还应该用富有吸引力的语言和神情吸引学生，激发学生的学习兴趣，运用合理丰富多彩的教学方法，吸引学生的注意力，让学生尽可能地参与到课堂中来。

　　总之，良好的课堂纪律是顺利进行课堂教学活动的保证。通过课堂纪律管理，可以培养学生自觉遵守纪律的好习惯，创设一个最佳的教学环境，从而提高课堂教学效率。

3. 学校应加强学生的纪律教育

　　我们要把孩子培养成为"有理想、有道德、有文化、有纪律"的"四有"接班人，就要着力营造良好的校风和学风，而良好的校风和学风，需要严明的规章制度和纪律来保障。

　　如果学生的纪律涣散，就会影响学校的校风和学风，影响学生的学习。因此，我们要从保护未成年人健康成长的高度出发，重视学生纪律教育，力促学生人人遵纪守法。

　　虽然在各级主管领导的高度重视下，各学校已致力营造出规范、有序的教学秩序，促使良好的校风和学风形成。但是，由于受各种因素的影响，一些学校也出现了一些纪律涣散的苗头。例如一些孩子受到血腥、暴力影视剧和网络游戏的负面影响，产生畸形心理，把不受纪律约束看成是"有血性"的"英雄"行为，我行我素，放荡不羁；有些孩子由于父母过分宠爱，一切都顺从孩子，造成孩子娇生惯养，自由散漫成性；有些父母则因外出打工或忙于经商做生意，很少跟孩子在一起，管教好自己的孩子，因而造成孩子的纪律意识淡薄；加上一些年幼的学生存在着自身的缺陷，对于什么是学校纪律，还不那么清楚，稍有不慎，就会出现违纪的行为等，以致有些学生无心向学，经常迟到、早退、旷课，沉迷于网吧或者是武侠小说、武侠影视剧；有些学生则学习不认真，上课不留心听讲，随便说话，做小动作或看课外书、打瞌睡、吃东西、玩手机；有个别学生甚至出言不逊，动辄打人骂人，跟社会的小青年打混在一起……这就要求学校的老师和学生的家长对此要有足够的认识，要用心发现问题，及时进行正确的疏导教育，用纪律来约束和规范他们的行为。

我们还应该清楚看到，学生的违纪行为发展到一定的程度，还有可能会诱发违法犯罪行为。这就要求纪律教育要与法制教育、道德教育、日常行为规范紧密结合起来，教育学生遵纪守法，自觉遵守学校各项规章制度和学生守则及学生日常行为规范。

通过一系列的教育活动，使学生进一步认清不遵守纪律的危害性，懂得不受纪律约束、不遵守纪律，便会使自己的行为不符合道德规范和学生日常行为规范，发展下去还有可能会诱发违法犯罪行为的发生；学会分清是非，分清遵守纪律与不遵守纪律、道德与不道德的界限，自觉地抵制违纪行为和不良倾向，排除一切不遵守纪律的因素，做遵纪守法的小公民，千方百计堵塞青少年违法犯罪的漏洞，确保未成年人健康茁壮成长。

强化学生的纪律教育，还是确保学生安全不出事故的重要举措。学生的安全问题，往往是由于管理上的疏忽和学生不遵守纪律才导致的，比如互相追逐、攀登楼房的阳台走栏、翻越围墙等，这些都是不遵守学校纪律的表现，都有可能引起安全事故的发生。

因此，要把纪律教育同安全教育有机结合起来，进一步建立健全各项规章制度，强化学校管理和班级管理，落实各项防范措施，力促学校秩序井然有序，学生人人遵守学校纪律，做到不互相追逐、不攀登阳台走栏、不翻越围墙，上学和放学回家不到溪河、池塘边玩耍，自觉远离危险地带，确保安全不出事故。

4. 提高教学管理水平的纪律教育

课堂教学管理是提高教学质量的重要环节。它既是教师职业道德的要求也是教师必备的基本素质和基本功。而课堂纪律是课堂管理的重要方面，是搞好教学的保证。

教师的管理心态

作为一线教师，在多年的教学实践及与其他教师的交流中发现，教师对课堂教学管理存有三种心态：

（1）不敢管　担心有的学生会产生敌对心理。

（2）不会管　不可否认，有不少教师工作责任心很强，也很想把课堂教学组织得井井有条，秩序井然。但是，在管理上往往不得要领，缺乏有效的管理方法和经验。要么性情急躁，动辄点名批评，批评多而表扬激励少，严而失度，简单粗暴，过后思想疏导又不及时或者不到位，使学生难以接受，甚至引发学生的逆反心理；要么要求标准不高，要求不严，课堂教学管理和组织能力不强，想管好而管不好，不能驾驭控制课堂，课堂教学秩序失控。

（3）不愿管　有个别教师认为，教师的主要任务是教学，是给学生传授知识，提高学生能力素质，课堂教学管理严和松对教师来说无关紧要。有的教师认为天天抓课堂纪律，会分散教学的精力。还有的教师认为，抓课堂教学纪律和管理会影响教学进度，与提高教学质量有些矛盾，且费力不讨好。

以上的种种心态都是错误的。良好的课堂纪律可以为教师授课和学生听课创造一个愉悦的氛围和环境，使师生关系趋于和谐，对教与学都是有益的。

主抓课堂纪律

怎样提高自己的课堂教学管理水平呢？我认为应该从以下几个方面入手：

（1）要树立教风　用良好教风带动课堂纪律的养成，教学无小事，处处是育人；教师无小节，处处是楷模，要用正确的政治观点和政治态度影响学生；严格要求自己，以身作则去带动学生；用勤奋工作，乐于奉献的行动感染学生，用丰富的知识和科学的教学技巧吸引学生。在学生中树立起自己的威信。

（2）是要敢管敢抓　课堂教学管理是搞好教学的前提，作为教师要敢字当头，敢于对学生大胆管理，而不要有这样那样的顾虑和私心杂念。特别是有相当一部分学生不思进取，学习缺乏动力，上课经常迟到，不专心听讲，对这样的学生一定要严格要求，要明确是非，不能姑息，否则将使其他学生产生从众心理，影响正常的教学秩序和学风建设。通过多年的实践，我觉得作为教师只要公正，敢管敢抓，大多数学生就会佩服你。

（3）是要会抓会管　为抓课堂纪律我采取了很多办法，回想起来，分三个阶段：第一阶段，谁上课不听讲、说话，我就当众狠狠批评他，一点不留面子，这很伤学生的心，不好；第二阶段，谁上课不听讲，不做作业，我不再用那种暴风骤雨式的猛批，但我不理他，甚至故意吓唬他，说考试不让他及格。这也不好，因为后来我发现这也很伤学生的心，容易产生逆反心理。现在我进入了第三阶段，我清楚地意识到，学生也是人，谁不食人间烟火？谁不犯错？一切都太正常啦！但是教育的功能是强大的，魔高一尺道高一丈。

有效地课堂管理

课堂纪律的形成是一个综合因素，教师要更好地管理课堂，应从以下方面入手：

（1）抓课堂纪律要在培养习惯上下功夫　我每次上课前我首先反复强调在课堂上应该做什么，不应该做什么，把校、班两级的规章制度告诉他们，通过反复地强化逐渐使学生养成良好的习惯，这样比教师上来就讲课效果好得多。

（2）抓课堂纪律要在教法上下功夫　有效的教学是防止课堂问题行为发生的第一道防线，好的纪律来自好的教学。因此，改善课堂纪律，必须改善我们的教学，增强教学的魅力。当代课堂管理研究者都高度强调有效教学策略与学生良好行为之间的关系。

在课堂管理研究中，格拉瑟等人都曾指出，优质课程、优质教学和优质学习是有效纪律的主要特征。美国著名课堂纪律研究专家库宁也认为，维持纪律的最佳方式是吸引学生积极参加课堂活动。

教学实践表明，教师的教学效果好，课堂教学秩序也会很好；教师的教学效果越差，课堂教学管理的难度就越大。教学效果不好，学生怨声载道，又怎么能要求学生认真听讲、主动配合呢？为此培养和提高学生学习的兴趣，教师就必须灵活运用多种方法，来钻研教材和教法，特别是教师必须研究学生的实际情况，针对学生的需要，采取让学生喜爱的教学法。

（3）搞好课堂纪律要和谐的师生关系　在教学中我发现，教师在进行课堂纪律管理时，不能只想到自己是课堂纪律的管理者和监督者，应该意识到教师本身和学生一样是构成课堂纪律的重要因素，自己的言谈举止，与学生之间关系的好坏，直接影响着班级课堂纪律。

因此，要做好课堂纪律管理，融洽师生关系，师生心理相融是必不可少的一个条件，教师能了解与满足学生的愿望和心理需求，学生了解教师的要求与纪律允许的自由活动范围，师生行动协调一致，良好的课堂纪律自然容易形成。

（4）抓课堂纪律要采用有效的沟通方法　在课堂上对违反纪律的学生，可以运用肢体语言，如一个眼神、一个手势提醒他注意。课后要及时与之沟通，了解实际情况并及时采取有效的措施，防止事情再次发生。

在课上要重视学生参与，学生不仅是学习的主体，而且是课堂自我管理的主体，大学生课堂的自我调节、自我管理作用不可忽视。我发现平时纪律不好，经常遭到老师训斥的学生，他们对老师有一种敌视，不愿意与老师交流。针对这种情况，教师要了解他们的心理需求，多与之交流。同时教师要注意做好学生干部和学生骨干的疏导谈心工作，调动他们的积极性和主动性，积极向老师提供有关信息，出谋划策，协助老师做好课堂教学管理，这样可以起到事半功倍的效果。

总之，抓好课堂纪律是一场持久战。我想，只要我们坚持不懈，各方面一起努力，就能让学生养成遵守课堂纪律的好习惯，从而促进教师课堂教学管理水平及教学质量的提高。

5. 课堂纪律的理论性指导

课堂纪律是课堂上必须遵守的规则，是教学活动得以顺利进行的保证。的确，进行课堂教学没有一定的纪律是不行的。试想，如果在课堂上谁想起来就来，想走就走，岂不乱了方寸。

值得我们反思的是，怎样看待课堂纪律？什么样的课堂纪律是好的，什么样的是不好的。有一位教师曾经形象地比喻某班级课堂纪律好："我上课时，掉一根针都能听见"。此言虽然有些夸张，却足以证明其课堂上相当安静，如果教师不讲课，就没有别的声音了。

课堂上安静就是纪律好么，学生们都在做什么了？教学的本质是交流，是师生之间相互地沟通与对话，是思维的激活、碰撞与交锋。因此，评价课堂纪律，用是否"安静"作为标准是显然不行的。可是，我们确实这样评价过课堂纪律。以至于时至今天，我们仍然能看到用"安静"作为指标评价课堂教学的迹象。

一些学校的领导要一圈一圈地巡视、查看课堂纪律；值班学生干部要一圈一圈地为各个班级的纪律打分；教师下课时也要为任教班级的纪律打个等第。这种对课堂纪律的关注，师生们是不能小视的。学校在"评先评优"的时候，要考虑教师能不能维持安静的课堂纪律，校长在评价教学秩序的时候，一定不会忘记评讲课堂纪律。

课堂纪律对学生的约束力就更大了，在学生成级单的操行评语中，教师用得最多的一个词是"努力学习"，接下来的就是"遵守纪律"。如果哪个学生在课堂上的表现不尽人意，其检讨书上的词语就是"交头接耳"，"做小动作,"违反了课堂纪律。我们不曾认真地注意到：课堂纪律竟被简单地泛化到了如此地步！

据说，一位学校领导在检查课堂纪律的时候，听到了一个教室里哄堂大笑，这个任课教师就受到了批评，当教师说明原因并进行争辩时，领导扔下一句话："那也不能笑这么大声"，就走了。

教学是一种活动，是一种教师与学生之间的交流，合作，探究的活动。在这种活动中，就不能大声笑么？师生们的哄堂大笑恰好证明他们进入了教学活动的角色，这样的课堂也要绳之以"纪"吗？那么，如果师生在教学活动中动情地哭了呢，是不是又要"严肃处理"了；要是为了争辩，吵了起来，又怎么办？新课程注重了对学生情感、态度、价值观的培养，这是新课程之所以新的又一个标志。师生真情地投入到教学活动中，无论是笑，亦或是哭，甚至是吵，都不得用纪律机械地取缔。相反，教育者要在活跃的课堂气氛中，促进学生个性的张扬。

那么，究竟应该怎样看待课堂纪律呢？那就要看教师在课堂上能否促进学生的发展；那就要看学生是否在进行自主、合作、探究地学习；那就要看教师和学生在课堂上的投入程度。

6. 学校课堂纪律的管理方法

管好课堂纪律，可以说，这是新教师工作的第一步。记得去年刚刚走上岗位，一位老教师见我备课说，你首先要做的是让学生敬畏你。如果没有一个良好的课堂纪律，即使你花了再多的心思去备课，也是徒劳无功的。最后遗憾的是，没有做好它。

结合一年的经验，和开学两周以来的感受来具体谈一谈：

制定课堂要求

开学一周后，要制订了每人一份《班级公约》，有些根据情况画上着重线，其中第三条"上课"注明"★"，其中课前预备，要求听到铃声，快步回位，安静坐好，等候老师上课。课堂上有小朋友听课时突然站起来然后又坐下去，还有些小朋友坐姿不正，喜欢趴着或者脚翘着等，根据实际情况，都制定到公约里。有了要求，他们就有了方向。但好动是孩子的天性，只要看到谁坐姿不正，谁脚又翘到桌位的下板上，立马指出来。树立榜样是课堂管理的一个良好策略。

合理实施奖惩策略

教育家第斯多惠说过，教学艺术的本质在于激励、唤醒和鼓励，而非传授。单靠班级公约让学生执行，明确指出错误是远远不够的，多鼓励，多表扬，也是一种良好的课堂管理策略。

不但要口头上的，还需要一些进行小红花积分之类的奖励，课堂上的好表现，可以赢得一朵小红花，这是个人的，还有小组竞赛得积分等等。大家你追我赶，有了奋斗的目标，每个人都希望成为别人竞相吹捧的榜样，这样上课也带劲了。

当然了，有奖励也有惩罚，适当的惩罚也是有效教育手段。表现不好的，可以减掉小红花。这个年段的学生已经开始有自己的想法，一定要向他解释一遍原因，否则他不会明白自己为什么受罚。

多交流多改进

（1）对于课堂上喜欢窃窃私语的和做小动作的小朋友，有时看到这样的情况会喊他们起来回答问题，结果是会引起他们的注意，但有时也会因为不知道答案，课堂上顿时冷场，这很困惑，对于课堂不专心的，课间一定要找及时他们谈话。

（2）对于各科老师，要经常问问情况，进行交流。上次找综合老师有事，随口问了一下，我们班小孩上课怎么样？她就说了一些情况，好的不好的，还说了各班间的比较。此后我就关注每天的情况，看一看课堂进度表。

课堂教学要扎实

良好的课堂纪律除了学生的自律之外，重要的还是要看老师的教学如何？所以要好好备课，将教材吃透，要搞活课堂气氛，激发学生的兴趣，有些课文比较枯燥乏味，学生不感兴趣，上完的效果很差，在教学方面，以后还要向各位语文老师多请教多学习。

一个学生往往会因为喜欢这个老师，而喜欢上这门课，为了学生喜欢上语文课，好好努力吧！

7. 提高课堂自觉纪律的方法

复式班课堂教学是一种比较特殊的教学形式，在一节课中，各班的教学内容不同，动静交替的次数多，培养复式班良好的课堂纪律至关重要，没有良好的课堂纪律，必能导致干扰课堂教学的顺利进行，会直接影响教师教学任务的完成，达不到理想的教学效果。如何抓好复式班学生课堂自觉纪律的培养，我们的做法是：

以身作则，言传身教

教师应时时处处注意自己的言行，做学生的表率。如：要求学生做到的自己应先做到，上课前做好充分准备，上课时不做与教学无关的事情，按时上课、下课，心平气和地对待每一位学生，板书必须工整，批改作业要及时。

纪律教育，常抓不懈

低年级学生好动贪玩、自制能力差。因此必须上好思想品德课，加强小学生守则、日常行为规范的养成教育，做到天天讲、时时讲，平时对学生严格要求，使每个学生思想上、行为上有一种自觉遵守纪律的观念，学生自己管住自己，自己约束自己。

动静交替，严谨有序

课堂教学中，做到动静搭配合理。直接教学时，教师语言要生动形象，教学方法灵活多样，激发学生的学习兴趣，让他们听之有味、学之有趣。静的年级自动作业要适量，难易适中，让学生在预定的时间里能做、会做。这样，良好的课堂纪律自然形成，也可预防学生违纪课堂纪律的现象。

培养班干部，发挥助手作用

优秀班干部和得力小助手，是复式教学班学生自觉遵守纪律的关键。教师应经常亲近他们，找他们谈心，交给他们一些力所能及的任务。比如：直接教学时，自动作业这个年级由小助手负责学习和维持课堂纪律，发现个别同学有违反课堂纪律的现象，小助手要及时加以制止。

正面教育，表扬为主

在课堂教学时，个别学生不守课堂纪律现象时有发生。如：说悄悄话、玩东西、同桌争座位、东张西望等，教师切忌用粗暴的言行，伤害他们幼小的心灵，可用"目光""手势"制止这些不良现象，或让他们板演、回答问题等，课后找他们个别谈，同时鼓励他们向守纪律、学习好的同学学习。发现他们的点滴进步及时表扬。

整顿周边环境，净化校园

小学生好奇心强，注意力易分散。如：听到小商小贩的叫卖声，各种机动车的响声等，都会影响学生的课堂纪律。因此，我们必须整顿校园周边环境，让学生在一个安静舒适的校园里学习、生活。

总之，抓好复式班课堂自觉纪律的培养不是一朝一夕的事，教师应忠于教育事业，发扬奉献精神。耐心教育、悉心教学，促使每个学生逐步养成自觉遵守课堂纪律的好习惯。

8. 学生纪律教育方法的运用

班主任是对学生实施纪律教育的第一责任人，班主任工作方法的科学与否，将直接影响自己班的班风乃至校风。那么如何对学生进行纪律教育，下面谈谈一些肤浅做法：

制定计划，以防为主

大量的事例证明，若一开始不注意对学生进行纪律教育，制订好班规，一个班违反纪律的现象就会好似割韭菜一样，去掉一茬又冒出一茬。因此，必须精心计划，以防为主，防止一些违纪现象的发生，否则班主任就疲于应付他们，分散精力。

班主任要将预防工作做在平时。经常用身边发生的能感受到的又能产生共鸣的正反面事例教育学生，防止他们的行为和学习出现偏差，利用好每周的一节班会课进行纪律教育。

老师、家长齐抓共管

纪律教育是一项讲易做难的一项工作。班主任、家长、科任老师必须齐抓共管。因为初中生正处于心理发生巨大变化的转变时期，学生成人感日渐强烈，但因是非不明，常故意违抗师长。

随着其独立性增强，就减少与师长的交流，增加与伙伴的交往，认为能得罪师长，决不能失去伙伴的信任和友谊，因此他们常拉帮结派，采取统一行动。基于以上特点，班主任必须多和科任老师、家长联系，及时了解学生的思想状况、学习状况和家庭情况，发现问题及时解决。多与任课教师联系，还可增进感情，增强凝聚力，打好整体战，形成更大的教育合力。

班主任经常和学生家长保持联系的目的有三：

（1）让家长了解学校对学生的要求，使家庭教育与学校教育保持一致性。

（2）通过家访，班主任可深入了解学生的家庭情况，弄清家庭教育和环境对学生的影响，可与家长一道深入研究和改革教育方法。

（3）多家访可缩短老师与家长、学生的心理距离，特别是和经常违纪学生家长间的距离，取得学生和家长的信任，从而易于和家长、学生沟通。

实际上违纪的学生最怕老师家访，怕老师登门告状后受到家长的打骂。因此，家访时要避免全部说学生实情，应以肯定成绩和进步为主，在充分肯定成绩的基础上提出不足，给学生、家长以希望和信心，这样才能达到家访的目的，家长才乐于同老师接触，才能拿出最大的耐心与老师配合。

有的家长，因子女差距太大，自觉无颜见老师，更怕到学校，他们已从主观上放弃了对子女的教育，把学校当托儿所。对于这样的家长，我们得要根据实际情况，启迪其作为父母的慈爱之心，要求他们要有耐心和信心，要站在家长的立场，用放大镜找学生的闪光点，一分为二地看待学生，让学生和家长都能看到希望并对班主任信赖，信赖度越高，教育违纪学生的成功率越高，希望越大。

抓突破口，找出闪光点

（1）抓突破口　在平时的工作中，常常会感到违纪学生不可理喻，自觉花费精力不少，却收效甚微。其主要原因是未找到突破口，未对症下药。只要多与违纪的学生接触，多了解其爱好，正确利用和发挥其特长，给其表现的机会，使其尝到成功的甜头，他们就会自觉发生转变。

（2）多鼓励，少责难　给违纪学生以战胜困难的勇气。对于犯错误的学生，引导其分析做错的原因、总结经验教训。在指引前进方向与严厉训斥相比，前者更能引起学生的负疚感，教育效果远大于后者。

（3）把握时机及时教育　教育良机稍闪即逝，应及时发现和把握。如：有微小进步时及时表扬；在活动、劳动、放学路上等非严肃场所进行情感交流；学生违纪后稍有认识时也是一次教育良机。

（4）榜样的力量是无穷的　违纪学生也有自觉心，当其同伴取得进步得到老师同学的赞扬时，就会感到自尊心受损，不服气，并产生战胜对方的冲动，只要我们及时正确引导，违纪的学生的这种冲动将是他们改变命运的转折点，他们将由此大踏步前进。

（5）尊重纪律差的学生　因纪律差的学生在学生群体中的地位低下，他们非常渴望人们理解他们和尊重他们。哪怕只是一句肯定或表扬的话，他们就会得到一次转化的良机。

抓班风，束纪律

班风是班集体中长期形成的情绪上、言论上、行动上的共同倾向，是一个班特有的一种风气。它是班主任根据教育规律长期反复教育的结果，它是一种无形的教育力量，对全体学生有经常的、持久的、潜移默化的教育影响作用。它可使全班学生规范自己的行为，自觉抵制和改变自己那些不符合规范的行为和习惯来适应班集体的要求。

抓班风主要体现在以下几个方面：

（1）抓本班纪律　首先让学生守纪律，课堂纪律是保证教学顺利进行的前提，课间纪律是学生行为规范的一项重要组成部分，也是学生形象的一个重要标志。守纪律者，教师在感情上易于接纳；违纪者或多或少给教师一定的坏印象，不利于学生的学习。

（2）抓卫生　环境的好坏将直接影响师生的情绪和行为，好的环境对人的行为有强烈的制约作用，它可以约束和规范不文明、不规范的行为，使纪律差的学生在不知不觉中改变自己的不规范行为。

（3）抓学生的竞争　有竞争才有动力。将学生无序的不规范的竞争引导到健康有序的竞争轨道，可促使学生将注意力、兴趣和精力投入到学习和特长发展中。

（4）抓学习　学生的主要任务是学习，关键是抓学习效率。

（5）抓学生的仪表　抓好学生仪表的常规化，消除学生的攀比心理和模仿心态，使他们的精力主要用到学习上。

纪律需反复抓、抓反复

初中生的身心正处于一个迅速发展阶段，其意志行为的独立性差，认同外界的不良刺激，同时他们自控能力又差，有时还不能控制自己的行为，不能很好地自我监督，当遇到问题和困难时，往往容易灰心丧气，不能持之以恒。由此可见，违纪的学生出现反复属正常现象，我们应允许学生犯错误，并给其改错的机会。

学生的反复一般是因未真正在思想上认识问题。中学生生活经验贫乏，对事物的认识肤浅、片面，因此，抓反复时一定要从学生的认识入手。在整个教育过程中，既要细心，又要有耐心，在尊重、信任、坚持原则的前提下，针对具体情况，通过不同途径，采取多种有效措施，反复进行深入细致的思想工作，给学生指明克服困难、纠正错误的途径和方法，使其明了老师教育他们的良苦用心。一般经过反复强化教育后，学生会逐渐理解老师的教育目的，自觉意识到改错既是师长对他提出的要求，同时也是他自己的需要，这样他们才能实质性地解决行为上的问题。

由于产生违纪的原因很多，不同违纪的学生个性特征又不尽相同，因此教育方法也多种多样。

9. 控制课堂教学纪律的方法

落实课堂常规训练

俗话说："没有规矩，不成方圆。"有效的课堂纪律管理，实际上是在建立有序的课堂规则的过程中实现的。教师面对的是几十个性格各异、活泼好动的孩子。如果没有一套行之有效的课堂常规，就不可能将这些孩子有序地组织在教学活动中。

（1）我们要防患于未然，抓好初期工作。在第一节导言课上，就要向学生提出一些行为要求。如专心听讲、不讲废话、善于倾听同学的发言等，使他们明确在英语课上什么事该做，什么事不该做。

（2）要适时地将一些一般性要求固定下来，形成学生的课堂行为规范并严格监督执行，这样不仅可以提高课堂管理的效率，避免秩序混乱，而且一旦学生适应这些规则后会形成心理上的稳定感，增强对课堂教学的认同感。如当小组讨论，教师大声喊"停"，学生并不理睬你时，就可以带领学生边击掌边说"一，二，三，停。"

（3）要将这些课堂常规结合日常的教学，进行反复地训练、调整、巩固，使之形成一种自然的学习行为习惯，促进学生的自律性。

运用奖励机制

通过多年的教学观察，我发现多数的孩子对批评反应很平淡。但受到表扬那就不同了，一句鼓励的话，一个赞许的眼神，他们会争取做得更好。比如学生问题回答得好，课文读得好，我们可借手势进行口头的表扬。如果是书写一类的检查可采用奖励贴画的形式。但不论哪一类的奖励用的太多，太频繁是没有效果的，也不可以为奖励而奖励，奖励应该是我们对孩子点滴的成绩由衷的赞许才会让孩子感到自然，感受到成功带给自己的快乐，他们学起来才会更起劲。

运用奖励手段鼓励正当行为，通过惩罚制止不良行为，这是巩固纪律管住制度、提高管理效率的有效途径之一。俗话说："罚其十，不如奖其一。"

小学生好表现，渴望得到别人的赞扬。当课堂上，有的学生在阅读课文，而有的学生却在嘀嘀咕咕，如果这时，老师对全班说："你看，这个小朋友读得多认真啊！"保证那些在嘀咕的学生立即端正姿势，自觉地开始读起来。可见学生的积极性行为得到奖励后，这种行为将得到巩固与强化。在奖励的方式上可以是物质性的，也可以是非物质性的。但主要采用非物质性奖励，如课堂上学生的表现令人满意，教师可以报以微笑，投以赞赏的目光等。

在教师的举手之间，眉宇之间，让学生们意识到行为的正确性，从而起到"蜻蜓点水"的作用。同时维持纪律的另一种有效方式就是采取一定的惩罚，所谓惩罚就是教师有意识地通过使学生经受不愉快的体验，以影响和改变学生行为的一种手段。但惩罚要讲究技巧性，不能滥用，更不能进行体罚。有时针对不专心听讲的学生，点名叫他回答问题，就是一种惩罚。

控制节奏，做好调控

规章只是学生行为的依据，奖励也不过是一种激励手段，要使学生认真听讲，积极参与，注意力集中。要设计好教学的每一个环节，课堂上根据小学生的特点控制好节奏。重点的地方节奏要慢，难点不仅要慢，多举例，还要循序渐进，化整为零，各个击破。

教学方法要灵活多样，可采用游戏，英文歌曲等学生喜闻乐见的形式把教学内容溶入其中。再就是及时的对所学的内容进行训练，训练可以是俩俩的形式，也可以是四人小组的形式。最后就是要面向全体学生，让所有的学生都参与到课堂活动中来，尤其是学习上有困难的学生，我们做老师的应该给他们更多的关爱，要看到孩子哪怕是很微不足道的进步，多鼓励，多表扬，多用欣赏的眼光看孩子的点滴的进步，只有给孩子更多的关爱，孩子才乐意接受我们的教育，才不会在课堂上做违反纪律的事。

一位好的英语教师应擅长于随时吸引学生的注意力，避免其注意力转移而引起课堂管理不当。为吸引学生注意力，教师应首先注意自己的声音力度。英语教师在课堂上声音太小，学生们听不清楚时，注意力就开始转移到与学习无关的事情上去了。另外，随时提问也不失为好方法。当学生知道老师随时有可能对他提问时，他就无意中把注意力集中在老师所讲的问题上。因此教师应不断地提出问题让学生思考，吸引其注意力。

英国的教育学家埃克斯利认为，呆板的教师不是好老师，尽管他拥有够糊一间房子的证书也是白搭，好教师以他的热情、活泼……使其课堂教学生动有趣。有时英语课堂纪律混乱完全是由于英语教师讲课死板、照本宣科而引起的。所以英语教师应尽力使英语课生动有趣，使教法多样化，这样不仅有利于学生学习，也有利于课堂管理。

（1）控制教学节奏　节奏是世界万事万物的运动规律，教学节奏是影响课堂纪律的重要因素之一。

学生在英语课上容易出现问题行为，教师的教学节奏太慢，不能不说是原因之一。据测，人的思维速度比一般说话要快三、四倍。教学进度太慢，接受的内容就大大落在思维之后，学生不得不经常调整自己的思维，降低速度。一些接受能力强的学生或自控能力差的学生就利用调整时间去做其他的事，长此以往就会形成一种习惯，严重影响课堂纪律。

同样教师的教学节奏过快，单位时间里的信息量过大，就会让学生紧张地喘不过气来，没有思考的余地，导致学生学习情绪低落、效率低下、注意力不集中。各种问题行为就会产生，因此教学应节奏紧凑、快慢有度，灵活地处理各个教学环节，切忌在 45 分钟内处处平均用力。

在引入新课时，学生的精神状态较好，对新知识充满好奇，这时教学应是明快、主动的。在理解、新授阶段应突出重点、解决难点，对于难点应循序渐进，安排多一点时间，多一步引导学生，使学生有充分的余地消化每个教学信息点，沉醉于学习思考中。

在操练阶段要紧紧抓住学生的学习兴趣，迅速地进入语言巩固与运用阶段，使学生体验解决问题的成功感，专注于学习。

（2）调控学生的参与面　在课堂上如果仅仅只有几个学生参与一个教学活动，其余的学生只能做"观众"，那么这些"观众"就很可能会不经意地做出违反纪律的行为来。

因为我们面对的是 11、12 岁的孩子，他们爱说爱笑、爱动爱玩，要他们端端正正坐足四十分钟是绝对不可能的。因此教师在课堂的每一时刻都应该最大限度的让学生参与课堂，引发学生积极的学习行为，不让学生的思维停顿下来。

当前面的学生画完，交谈也随即结束，开始进入新的围绕蛋糕上生日蜡烛的多少，进行新的教学。在这一过程中，如果只是让学生静静地观看同学画蛋糕，那么肯定会有一部分学生坐不住，形形色色的纪律问题就会随之产生，而让学生进行你画我说，则让班内每位学生都参与到活动中来，让他们意识到课上"人人有任务，人人有事做。"无暇再去做与教学无关的事。

10. 加强学生纪律教育的建议

为适应办学规模不断扩大的新情况，根据学校对加强教学和学生管理工作的要求和指示，针对体育系班级多、学生人数多的特点，结合学生纪律工作的现状，特提出如下意见：

提高认识，统一思想

组织全系教职工重新学习学校学生纪律方面的文件精神，根据学校的总体要求，充分认识到目前形势下加强学生纪律工作、保证正常教学秩序的重要性和紧迫性，充分认识到强化纪律意识是提高学生综合素质的重要方面，充分认识到规范、有序的教学秩序是保证和提高教学质量的基础。全系系领导、班主任、教师、工作人员要积极行动起来，认识到位，加强学生纪律正面教育工作，形成全系学生纪律教育工作的合力，建立一个良好的纪律教育氛围。

加强领导，统一部署

成立由系党政领导组成的学生纪律教育工作领导小组，充分了解、认识新情况下学生纪律工作方面的优势和不足，认真研究目前的状况和下一步工作的思路和方向，明确责任，分工协作；要建立信息反馈制度，定期召开有关协调会议和班主任会，促进各项工作安排和要求落实到位，促进学生纪律教育工作的整体提高。

采取措施，责任到位

系里要注重发挥班主任老师的指导作用，加强班团干部、学生会干部的组织、管理工作，倡导、促进一般同学的自我管理意识和纪律意识。

（1）针对新生和其他年级同学的不同情况，适时召开年级班团支书、班长会议，要给学生干部提要求、压胆子，明确其应负的责任，加强班级管理的力度。

（2）安排各班召开一次以"纪律与班集体荣誉"为主题的班会，对遵守纪律、维护班集体荣誉的行为和同学，要给予表扬和支持；对不遵守学校纪律、损害集体荣誉的人和事，要进行严肃的批评和帮助，形成人人遵守纪律，个个为班集体争荣誉的良好风气。

（3）完善纪律检查、项目评比制度，定期对各项纪律工作进行检查、评比和排名，对表现好的班级要通报表扬，对后进的班要提出批评，并要求其提出限期改进意见和加强班级纪律的措施；对排名连续落后的班，团支部、班委成员要从工作能力、工作责任心等方面深刻检讨自己，并向系主管领导作出解释。

严格要求，奖罚分明

系里对班级管理工作整的要求是：严格要求，抓住两头（表现好的和不好的），奖罚清楚，整体提高。系里要制定、完善、落实各项奖罚制度，要抓住纪律好的班级和同学，进行物质和荣誉奖励，要与评定奖学金和评先挂钩，要为这些同学各方面进步创造条件，对表现不好的班级和同学，要勒令检查，并将其行为结果与个人和班级荣誉挂钩，情节严重的要给以相应的纪律处分，直至开除学籍，决不姑息。

要使同学们认识到学校的纪律是铁的，没规矩不成方圆，认识到学校的严格要求是为了更好的建立一个规范有序的教学秩序，目的是为同学们增长才干、提高素质提供一个较好的学习环境。

11. 加强课堂教学组织纪律的意见

组织纪律是课堂教学的重要组成部分，组织纪律的好坏，直接影响到课堂教学的有效性。现发现在我们的课堂教学中，组织纪律存在一定问题，主要表现在：学生注意力不够集中，表面看似乎认真听讲，实际已走神；学生好动，手脚忙个不停，有时听讲，有时发言，有时开小差；不听讲，不发言，你管你说，我管我做；课始能认真听讲，半节课后注意力分散，课堂效益明显下降。

原因分析

（1）学生方面

①学习目的不明确，主动性不强。

②学习习惯不好，做事马虎。

③小学生生性好动，"喜新厌旧"。

④家长配合不够。

（2）教师方面

①教学设计只注重自己的教，没注意学生的学。

②教学方法落后，以"管"为主，学生被动接受。

③教学节奏过慢，对学生缺乏"新刺激"，学生易疲劳。

④教学形式单一，缺少变化，形成不了"新刺激"。

⑤教学要求过高，纪律要求过松。过高的教学要求令学生望而生畏，久之，厌学；过松的纪律对学生形成不了约束，久之，过分随意。

⑥教师吝啬表扬，学生缺乏成功感，久之，厌学。

改进意见

（1）加强课堂学习行为的培养。

①课前的准备：铃声响过，速回教室，放好本堂课应使用的课本和学具，班内统一摆放位置。

②课中要求：统一坐姿，统一发言姿势，统一书写要求，统一读书姿势等。

（2）精心设计教学步骤，多考虑学生的学。注意教学节奏紧凑和教学环节之间的过渡。

（3）在学生没有形成良好学习习惯之前，课堂教学"严"字当头；在学生良好习惯形成后，教师要以"和"字当头，以合作者的身份参与学生学习。平时多与学生交流，多了解学生的心理需求，教学时能以多种形式满足学生的需要。

（4）精心设计和组织多种教学形式，不断变化的教学形式能激发学生的学习兴趣，减少疲劳，提高教学的有效性。

（5）针对小学生的心理特点，多表扬，多鼓励，让他们品尝成功的喜悦，激发孩子们学习的兴趣。

（6）避免灌输式教学，采用启发式教学，真正把学生放在主体地位。

（7）老师要以饱满的热情投身于教学，以自己的激情感染学生，激励学生。注意教学语言的精炼，表达的清晰，尽量不要重复无关紧要的话。教师还要合理使用自己的肢体语言，它既可引起学生注意，激发学生兴趣，又可帮助教师表情达意。

下面是教师自己总结的经验，与大家共享。

经验的总结

（1）采用多变的教学方法组织教学，如：对对子活动、小组活动、说说唱唱、做做游戏等，以吸引学生的注意力。

（2）以兴趣为出发点，采用学生所喜爱的教学方法，而且要经常变化。教师要有激情，体现在声音的抑扬顿挫、肢体的适度夸张上。多采用激励性的评价，增强学生的自信心。

（3）通过让学生参与的形式，多样的评价与鼓励，唤起学生参与学习的热情。当学生开小差时，可以直呼其名，并让其回答。

（4）以听、闻、看、想象等多种方式组织教学。应注重一个"量"字，适当的量才能提高课堂效率。课上，我一般控制在5—6个新单词。关键在第一时间把学生的注意力高度集中起来，老师应临场发挥，捕捉课堂的话题。

（5）在教学过程的设计中，有针对性地设计一些活动形式，并让学生人人参与，让学生的个性得到发展。教学的步骤要紧扣教学目标、教学内容，不要随意，不要生搬硬套，更不要咀嚼过碎，要给学生一些揭谜与探求的欲望。教学中要关注学生的参与状态，既要观察学生的广度，又要看参与的深度。表面上热热闹闹，实际上没有引起学生多少认知冲突，这样的课不是好课。

（6）做学生的朋友，让学生喜欢自己。平时抽一定时间，以平等的姿态跟学生谈心。了解他们在想什么，他们需要什么，上课时采用针对性的方法教学，又满足他们的需要。课堂教学要充满激情，教师要始终以饱满的热情投入教学中，能用自身的态度感染学生，教育学生。

（7）兴趣是学习的主动力。要认识到学生好动的原因，不要粗暴对待，使其产生逆反心理。老师要像魔术师那样，通过很多花样来吸引学生，图片、音乐、表演、唱歌等等，老师样样都要会，样样都要用。课堂教学中要注重抓学生纪律，一有学生开小差，应及时暗示或指出，时刻提醒学生注意力要集中。

（8）兴趣是最好的动力，否则学生学习只是被动的，也是无法取得好的学习效果的。没有好的学习效果而一味地加重学业负担，反复机械地做同一类知识，是徒劳的。老师要着力培养学生的学习兴趣。教学中尽量挖掘学生已有的生活经验，缺乏的话，要引导他们去主动获取，并尽量设计问题情景，激发学生学习兴趣。使学习成为他们的需求。我在课堂教学中所发出的每一个指令，都要学生做到，如果有人做不到，宁愿放慢进度。

（9）根据课文内容中的词、句，适时用幽默、风趣的语言与学生开一下玩笑，让气氛轻松一下，所学知识也不易忘记。上课要关注每一个学生的情况，发现问题要及时解决。采用分层教学，使每个学生能充分感受到学习的快乐。

（10）在组织教中要注意两个方面：

①每篇文章要抓住关键点、切入口，举一反三，不必面面俱到。

②提出阅读要求，让学生运用学法，自己阅读课文，老师要敢于放手，使学生充分享受到自由阅读的乐趣。

（11）注重平时行为规范教育，特别是课堂纪律教育，课堂上要明确提出各项要求，并严格执行，奖罚分明。教师的教学过程要精心设计，避免滑到哪里上到哪里，所教的内容要适合学生。在教学中，我注意严格与表扬相结合，注意教师语言、情感的变化，提高四十分钟效率。

提出的改进意见

（1）积极利用多媒体信息技术不断完善自己的课堂教学。一定要重视培养学生良好的学习习惯，并采用分层教学的方法。不断用丰富和夸张的表情与肢体语言能吸引学生的注意力，特别是中低年级的学生。同时要培养学生良好的听说习惯，不仅能认真地听老师讲，还要认真地听学生讲。

（2）平时多积累生活中较有趣的事作为教学中的材料。师生关系应做到融洽，能相互谈心，能够更多了解学生学习上的困难与盲点。充分利用课件，调动学生的学习兴趣。

（3）老师在课前的备课要精致，课堂语言要严密，讲话力求完整，不让学生得到糊涂的概念，要努力采用一些学生喜欢的题材激励和调动课堂气氛，提高课堂教学效率。

（4）改变学生不良的学习习惯，常抓不懈。同时还要建立平等的情感氛围，激发学生的学习兴趣。在学生遇到困难时，多采用激励性的评价，促进学生积极主动参与。

（5）要培养良好的班风。教师的语言要亲切、柔和、风趣，一定要做到严而有度。准备工作要充分，在对学生有了一定了解后，设计适和学生的教学方案。课堂教学的难易要适中，设置好学生的最近发展区。有的老师往往花样太多，学生眼花缭乱，不知道该捡哪些果子，那也不会收到良好的效果。

（6）作文教学中注重指导，亦重视讲评，全方位地提高学生作文水平。针对不同的学生，运用不同的语言，或批评、或表扬，因人而异。

（7）课堂上要特别关注那些特困生，给他们更多的时间、空间，提高他们的学习兴趣。

（8）在教学中要照顾到那些中下生，让他们能积极参与，主动学习。可以多方面地调动学生学习的积极性。采用激励性的语言，采用小组合作学习，也可以利用家长的奖励机制，刺激学生学习的积极性。

12. 主体性教学中加强组织纪律教育

主体性教学目前已是体育教学中被广大教师所认可和采纳使用的一种教学方法。其对落实教学大纲要求，促进学生全面健康成长，有着重大的作用。结合教学实践，在"新课标"的指导下，"主体性"教学目前已是体育教学中被广大教师所认可和采纳使用的一种教学方法。其对落实教学大纲要求，促进学生全面健康成长，有着重大的作用。结合教学实践，并针对主体性教学的特点，在主体性教学的过程中千万不能放松组织管理和纪律教育。

（1）良好的组织纪律是主体性教学的有力保障。所谓"主体性教学"，就是以学生为本，在教师的正确引导下，有目的，有计划地让学生发挥自己的才能，逐步地自主去探究、去锻炼，充分体现学生在教学中的主人翁地位。也就是说，主体性教学是给了学生一定的自主学练的时间和空间，学生有了展现自我运动技术才能，发挥自己才智，协调人际关系等的平台。不过正是在这种教学模式下，学生缺少了教师的直接指控和约束，所以往往表现出集体观念不强，组织纪律散漫，我行我素的现象时有发生，这样不但达不到预期的教学目标，反而重蹈"放羊式教学"的老路。教师作为教学的主导者，丝毫不能放松对学生组织纪律的教育和严格的组织管理。

就像带兵打仗一样，没有良好的军事组织纪律作保障就不可能取得良好的战绩。教师首先要对所学练的内容有目的，有计划，对教学过程有可能发生的问题有所假设和预见性，从而提出严格的要求，使每个学生深刻认识到自己在教学中的地位和角色，以及通过学练完成自己应该完成的任务，达到应该达到的目标。在整个教学过程中教师力争做到敏锐观察，及时发现问题及时解决问题，要给学生创设宽松自主的学习氛围，但放任自流就失去了主体性教学的真面目。

（2）良好的组织纪律有利于提高教育教学质量。主体性教学，作为教学的一种方法和手段，其目的就是为了提高教育教学质量。当然提高教育教学质量，仅凭改变几种教学方法是还未必能够达到预期的目标。在"新课标"的引导下，主体性教学有了更大的起色和发展，但在实际教学过程中是仁者见仁，智者见智，也引起了不少争鸣，产生了不同的观点。主体性教学产生负面效应的主要原因是：部分不负责任的一线工作者打着主体性教学幌子，将学生放任自流，任其自然，"一把唢子，两个球，老师学生都自由"名符其实地走"放羊式"教学的老路,课堂纪律也无从谈起。有的同学在进行着毫无目标意义的运动,有的则三三两两,开始了"谈心"活动,根本没有达到教育的目的。而真正的主体性教学是有组织、有纪律的,同学们应该去做什么,不该去做什么,一堂课下来应完成什么任务,实现什么目标等等,都应有明确的规定,不能像无头的苍蝇到处乱碰。因此不接受组织纪律的约束就失去了教育教学的意义,就难以确保教学目标的实现和教学质量的提高。

(3) 加强组织纪律教育,培养安全意识 "健康"是体育教学的第一要务,在组织教学方面,主体性教学给了学生更大的和更多的活动空间和时间,其要求充分调动学生学练的积极性,不但要有灵敏的思维活动,即心理参与,而且还要亲身体会运动的乐趣,即身体参与。但每个学生又是有着不同的体质,不同的运动技能,不同的思维品质,不同的个性特征,同时锻炼的形式有所不同,场地器材也仅相似。综观全局安全隐患相对增大。"安全第一",为了减少意外伤害事故的发生,在进行主体性教学时,必须先要加强思想品德和安全意识教育。

(4) 加强组织纪律教育养成良好的锻炼习惯,可终身受益,并使体育道德精神永传。"百年大计,教育为本",体育作为学校教育的一个分支,肩负着重要的历史责任,随着社会的进步,经济的繁荣,人们对健康有了更高的要求,但恰恰相反,近年来的中学生身体调查表明,部分学生的身体素质指标不但没有上升,反而呈现出下降的趋势。如近视率提高,肥胖与豆芽型明显增多。当然造成这种现象的原因是多方面的。最重要的一点是锻炼意识淡薄,校园自主锻炼的气氛未能形成,何谈习惯的养成呢?

我们应借教改的东风,加强组织教育,使学生真正感受到主体性教学的乐趣,养成经常锻炼的习惯,为今后步入社会开展全民健身起到带头作用。同时,我们每个人都是社会大家庭中的一员,体育课堂就是社会的一个缩影，相对其它学科，学生有了更多的直接的接触的机会，不同的个性特征更能充分展现出来，同学之间有了更多的了解和认识。通过加强组织教育，使同学们真正体会体育的精神内含和实质，并继承和发扬体育道德精神，促进学生全面健康成长。

综上所述，主体性教学在严密的组织纪律的保障下，才能顺利展开，才能向预定的目标迈进，才能真正体现"新课标"的新观点，才能取得事半功倍的教学效果。

13. 班级纪律与课堂管理的共同协作

体育课堂纪律就是在体育课中教师学生共同遵守的课堂行为规范，是体育教师为维护正常的教学活动的开展，鼓励学生积极配合教师参与体育活动，组织和处理违纪行为的手段与行为。在体育教学活动中如何做好班级学生的纪律管理？我认为需要做好以下几点：

（1）建立和贯彻执行教学常规　体育老师在体育课堂常规教学中，要求学生上课时须穿上运动服装，按时上课，不迟到，不早退，有事、病请假等，并有意识的在一些体育练习和游戏活动中用"规则"来限制学生的行为，从而让学生体会到没有规则限制体育活动很难顺利进行，"越轨"就会受到惩罚，进而让学生明白没有规矩不成方圆的道理。

体育教师要正视常态体育课的教学，为了使学生能较好地配合体育教师参与体育学习活动，在教学之初，利用开学周第一节体育室内课做好学生体育常规的要求，向学生明确宣布学生在体育活动着装要求及如何安全地从事体育活动的要求，为了维持良好的课堂教学秩序，体育教师要防患于未然，尤其是刚刚开始上课的时候，一定要狠抓常规的执行让学生明确活动前要做好准备活动，课后不能大量饮水的道理，待学生逐渐适应并形成上课习惯后，再组织学生参与活动就有保证了。

（2）及时妥善地处理违纪行为　当学生在学习过程中出现违纪行为时，教师必须迅速作出反应并及时处理。对待一些个性强的学生教师要采取冷处理的办法来维持体育活动的正常进行。

一般来讲，如果一个学生只是消极地完成学习任务，教师不必立即公开处理，可采用沉默、皱眉、注视、走近等方法处理。如果一个学生的违纪行为已明显干扰整个教学过程，教师必须立即处理，并按情况采取提示、暗示、制止、甚至惩罚的方法。在处理违纪行为时，尽量不要中断教学的正常进行，尤其是不要频繁地中断教学过程来处理违纪行为。特别是性格特殊的学生犯错误时，我们应该采取"冷处理"的方式进行教育。"直面火枪"只会让事情变得更糟。

记得一节武术考核课，一位学生满不在乎的样子上来表演时采取消极的动作行为对待，真让我是哭笑不得，自己辛辛苦苦在烈日下教出的动作到了他身上竟然变得这么糟糕，真想停下来好好教训他一顿。但我没有这样做，开始我给了他一个严厉的注视，教学仍然在我的主持下继续进行……。下课后我让他留下来做俯卧撑，看他满头大汗我才要他停了下来并严厉批评了他。接着用温和的语气给他说理，直到他明理。后来这位学生也没有犯错了。

（3）正确运用奖励与惩罚　奖励与惩罚是维持纪律，进行课堂管理的重要手段。俗话说："罚其十，不如奖其一"，教师要多用奖励，少用惩罚，当学生的积极性行为得到奖励后，这种行为将得到巩固与强化。

为了维持纪律，一定的惩罚也是必要的。惩罚是体育教师有意识通过使学生经受不愉快的体验，以影响和改变学生行为的一种手段。惩罚的目的是为了制止或阻止违纪行为的产生和重现。

在体育教学中，惩罚的方式有两种：

①挫折型　即暂时中止违纪学生参加体育学习活动的权利。

②否定型　即当众批评，教训，课后留下来，重做俯卧撑，跑步等。

在运用惩罚时，教师必须让学生明白，惩罚的是违纪行为而不是针对某人，一般情况下不搞集体惩罚。当我们的学生取得某方面的进步时，我们应该及时给予他应得的表扬，不管是学生取得丁点进步也应该竖起你的大拇指。

当学生违纪时，给他一个严厉的目光或采取适当的小小惩罚来引起和改变学生的注意。这样的老师上课，学生没有不愿意听讲的，无形中吸引了学生上课的注意力，课堂纪律好了，效率也就高了。

（4）利用模范带头作用　课堂教学中，教师的包办管理力量过于单薄，难免有顾此失彼的现象发生，学生总是处在被动接受管理中，师生双方处于"管"与"被管"这一矛盾统一体中。学生的主观能动性得不到发挥，一旦自尊心受到一定伤害，有的学生就不愿接受管理甚至与教师搞对立，这种反弹现象的出现使管理很难奏效。

针对上述情况，我们教师要清楚的认识到：体育委员和体育小组长是我们课堂教学的小助手，充分发挥他们的模范带头作用来进行班级管理是一个行之有效和长期坚持的教学方法。

在活动中，对于一些简单或学生能组织完成的要大胆放手让他们去组织完成。如：集合队伍、清点学生人数、简单的准备操、跑步活动和课中纪律的维持等等都可以让他们去组织完成。

（5）课堂组织要严密　体育课中学生的违纪行为大多出现在学生互相干扰或等待练习时间过长的时候。因此体育教师要注意严密课的组织，充分利用现有的场地器材，合理分组，增加学生实际从事练习时间，减少违纪行为现象的发生。

（6）建立良好的师生关系　建立和谐的师生关系体育教师有其独特的职业优势。所谓"亲其师，信其道"，和谐的师生关系能使班主任的要求迅速转化为学生的行动。

体育教师善于利用课堂内外的双边活动来促进师生情感，在活动中可以发现许多学生平时不能发现的问题，然后老师再针对性的进行教育。

尤其体育活动最能使人心情愉快，精神振奋，教师参与其中能调动学生的情绪情感，只要以情换情，以情育情，形成良好的情感环境，就能使教育达到育心、育人的功效。例如，我在篮球课活动中看到一些球技好的学生老是错误的认识自己高人一等，对球技差的学生厌玩，于是我借此机会跟一些技术差的学生一起活动，一起交流球技，无形之中拉近了师生之间的距离，也协调了学生间的友情更拉近了师生的情感，为建立良好的班级学风创造有利的条件，为营造和谐的班级氛围打下有序的铺垫。

感谢大家对这次话题讨论的热心支持，有你们的参与让我们的体育教学变得更精彩！管理是一门艺术，班级学生的纪律管理方法很多，大家都有各自的做法，由于各个水平阶段班级学生的特点不一样，管理也就不一样。所以，管理方法和管理模式不能单调，应该根据实际情况来进行有效管理。

14.《维护集体纪律》教学设计

维护集体纪律就能得到人民的拥护，就能取得事业的胜利。

教学目标

要求使学生懂得纪律是各项事业胜利的保证，教育学生向八路军学习，自觉维护集体纪律，从小养成自觉遵守纪律的好习惯。

教学重难点

（1）维护集体纪律就能得到人民的拥护，就能取得事业的胜利。

（2）向纪律严明的八路军学习，从小养成遵守纪律的好习惯。

教学准备

（1）电视机、录音机、投影机、单放机、"三大纪律、八项注意"歌曲磁带、投影片若干幅。

（2）根据学生思想状况分析目前小学生在遵守纪律方面的自觉性还较差，特别是独生子女在家庭中拥有优越的地位，有些年轻父母的娇纵、溺爱，使他们常常独断专行。

因此对他们要从小加强纪律教育和纪律行为训练，使他们在实践中不断提高对纪律重要性的认识，逐步养成自觉遵守纪律的习惯。

教学过程

（1）谈话入课　同学们想一想《小学生守则》第七条中，要求我们怎样做说得很好。要求我们遵守学校纪律，遵守公共秩序。那么遵守学校纪律我们应该怎样做呢？正像同学们说的那样，学校纪律是集体纪律，是提高人们精神文明素质的重要条件，纪律可以使人们在遵守秩序、履行职责中培养良好的思想道德。在改革开放的新形势下，我们小学生只有具备良好的纪律素质，才能适应形势发展的需要。既然遵守纪律这么重要，这一节课我们就一起学习《维护集体纪律》。维护集体纪律的事迹很多，这节课老师就向你们讲述一个生动感人的故事。

（2）讲故事，初步明理

①创设情境，讲述故事（放录音配乐故事）

②提出问题，问题：（幻灯字幕）

A、当时八路军处境如何？

B、陈庚将军怎样批评管理员的？

C、有人为管理员求情，陈庚将军又是怎样说的？

③带着问题阅读课文。

④师生共议，明白道理。

A、陈庚为什么批评管理员？

B、敌人的"扫荡"为什么很快被粉碎了？

小结：陈庚将军不仅批评而且处分了管理员，说明了八路军严格遵守"三大纪律，八项注意"，自觉地维护集体纪律，取得了反"扫荡"的胜利。板书：自觉维护集体纪律粉碎"扫荡"。

⑤放录像（电影《战上海》）解放军露宿街头片断。

小结：在抗日战争和解放战争时期，八路军和解放军自觉地遵守"三大纪律，八项注意"，赢得了一个又一个胜利，在建设社会主义现代化的今天，同样离不开自觉维护集体纪律，同样需要"三大纪律，八项注意"。放"三大纪律、八项注意"歌曲。

（3）深化明理

引导学生讨论：

①为什么要自觉维护集体纪律？

②如果在班级、在学校能自觉地遵守纪律、遵守公共秩序，会有哪些益处？

小结：过去中国革命胜利靠的是铁的纪律，祖国的社会主义现代化建设，包括我们小学生的学习也离不开纪律。只有懂得遵守纪律是自己的义务和责任，才能在工作和学习中取得更大的成绩。事实证明：加强纪律性，革命无不胜。

板书：加强纪律性，革命无不胜。

（4）指导实践

①怎样才能自觉维护集体纪律？（学生讨论回答）

②调查汇报。我们班级里也有自觉维护集体纪律的好人好事，

谁来向老师汇报一下。

③辨析：（幻灯字幕）

A、上自习课时，李明大声和同桌说话，闲谈，张敏说他不遵守纪律，李明说老师不在教室，大声说话不算什么，李明的做法对吗？为什么？

B、学校开运动会，张丰对赵凯说："我替你跑二百米，准能取第一名"。

（5）总结谈话

同学们，自觉维护集体纪律，不仅是革命战争时期的需要，社会主义精神文明建设也需要，我们明白了这个道理，就应该从我做起，从现在做起，处处严格要求自己，自觉维护集体纪律，为社会主义精神文明建设做出贡献。

15. 新教师管理课堂纪律的方法

新老师的管理方法

作为新教师，上好一节课除了要充分备好课外，控制好课堂纪律非常重要。如果课堂纪律乱糟糟的，备课备得再充分，教学效果也不如人意。搞好课堂纪律，提高教学水平，激发学生学习兴趣至关重要。

但是，新老师在经验有限，教学水平尚有待提高的情况下，应该怎样控制好课堂纪律呢？经过一年半来的教学摸索，我得出以下方法：

（1）树立教师威信　刚任课时，学生和老师都处于一种相互观察期，这时候的课堂纪律问题不大，但很快就会有第一个吃螃蟹的

"勇敢者"出来挑战新教师的权威，这时新教师一定要冷静处理，因为其他的学生都看老师会如何处理。处理得好，虽然不能一劳永逸，但对于树立威信很有帮助；处理不好，学生可能"群起围攻"，新教师就会疲于应付。对待老师，学生的趋向是欺弱怕强，所以新教师在课堂上应该扮演硬朗的角色。这可从细节作起，例如声音要响亮，表情比较严肃等。

对于公然挑战权威者，新教师不可软弱、逃避，而一开始就要敢于正视、教育，体现自己的原则。否则等到学生都欺到头上才发难，已经很难再扭转不利局势了。但是这要求新教师要尽快了解学生的情况。所谓"知己知彼，百战百胜"。

大部分学生外强中干，大声斥责有立竿见影之效，但有些学生自尊心特别强，如果屡次公开批评，有可能导致师生的对立。对于这样的学生要多鼓励多表扬，就算是批评了课后也要及时安抚；对于特别难对付的学生，不要在课堂上与其对峙，一者教师没风度，二者容易使自己下不了台，暂且冷淡处理，待下课后将其叫到办公室慢慢教育，必要时候还可联系家长共同做思想工作。

（2）教师要有爱心　当然，新教师如果一味硬朗，学生可能口服而心不服，所以还应该多关心学生，以爱感化学生，以情打动学生。平时上课善于察言观色，发现学生不认真听课，可先找学生了解情况。有时学生不认真听课，是由于某段时期思想出现问题或是情绪比较低落。

如果学生真有问题，能解决的帮忙解决，不能的再向班主任反映。就算明知学生没有问题的，也可找学生谈谈，让他知道老师很关心他重视他。对于关心重视自己的老师，学生就算是不想听也会给面子。

此外，还可利用课余时间和学生多沟通多接触。和学生沟通最好是在教室里，办公室里的师生对话容易给学生造成压力。上完课不要马上离开，在教室里多呆一两分钟，就课堂内外的话题聊聊，这样使师生关系融洽，也有利于搞好课堂纪律。

除了多关心学生还要多关心所任教班级的事务。由于分工的不同，任课老师不是班主任，对于班里的事务关注较少，但是从搞好课堂纪律的角度出发，新教师作为任课老师这一点应该要做好。我所教的某个班级，桌椅总是摆放不整齐。

上课时第一件事就是要求他们做好这些事，班里面得了荣誉及时鼓励，出现问题提出建议或帮忙解决。学生感觉得到老师不是只关心所任教科目的成绩，对自己班级也很关心，情感上就愿意接近老师，配合老师。这个班有几个学生确实比较爱讲话，但是很多时候不用我出声其他的学生会马上帮忙制止。

（3）学生要学会尊重他人　新教师在控制课堂纪律时普遍遇到的问题是"一放就乱"。根据课改精神，课堂必须注重师生互动、生生互动。在互动的过程中，难免会人多口杂，而一些爱讲话的学生也往往趁机捣乱。如果不加以制止，这种现象极可能愈演愈烈，课堂纪律放了就收不回来。针对这种情况，新教师要在平时就培养学生尊重他人的意识和习惯。

具体而言，就是严格要求学生遵守发言纪律，有秩序地发言，不随意插嘴和打断别人的发言。操作时按照年龄特点，初一举手发言。只要教师鼓励得好，刚上中学的学生还是爱举手发言的。初二、初三的学生积极性较差一点，可用点名或轮流发言的方式。全班讨论时，则要求新教师能眼观四路耳听八方，一发现有不符要求的苗头就要及时处理。

尤其是刚任课的时候，更要如此。久而久之，学生自自然然就形成了尊重他人的意识并强化为习惯，而学生一旦形成了这样的习惯，课堂纪律就有保证。

（4）管好纪律差的学生　一个班级，总有纪律差的学生，先从纪律最差的同学抓起，以点带面，可以促进全班纪律好转。学生不守纪律的原因很多。比如学习目的不明确，基础薄弱，对学习不感兴趣，上课听不懂，自制力差等，都可能产生一时或长期的不守纪律。这些原因在学生身上也许几种并存，但必有一种在起主导作用。对待这些学生，不能嫌弃、疏远，而要尊重、亲近，用爱心与真情感化他们。在课堂上要更多的关注他们，更多给他们提问。

有时候，要搜集一些美文、名言警句、励志故事等让这部分同学朗读，既提高了学生朗读能力，也提高了他们的课堂注意力，如果朗读得好，就给他们表扬，让他们有成就感。另外我还用家访的形式，与家长紧密联系，共同配合才能转化这些学生。

（5）明确课堂的要求　要结合本班情况制定班级学习制度、纪律要求等。有了目标，学生自我约束有方向，自我管理就有章可循。比如把课堂常规纪律要求分几个环节。课前要把学习用品放在指定的位置，预备铃响后要迅速进入教室，安静坐好，上课专心听讲，要说话先举手，课堂上的一切行为都要符合常规要求。

表扬是课堂管理的常用策略，对学生细微的进步都要加以表扬。既要口头表扬，又要设计纪律评比的大表格，让学生在课堂里得到的红花或红星及时贴上去，评选遵纪之星、礼貌之星、学习之星，使学生学有榜样，赶有劲头。记住，千万别使用罚站作为惩罚。

（6）正确运用注意规律　在教学中当课堂秩序出现问题时，故意停止讲课比责备学生要好，这样做可以把学生的注意吸引到教师的讲授方面。责备学生，反而会使其他学生的注意转移到违反纪律的人身上，分散学生的注意。在开始讲课时，要说明学习它的重要性与必要性。学生对学习目的认识越清楚，他们就越能努力，以有意注意来对待他们必须学习的任务。

教师在教学过程中要正确运用注意规律，既要估计客观条件，从有效地组织教学内容和改进教学方法着手，使学生对教学本身发生浓厚兴趣；同时又要考虑到人的主观因素，严格要求学生，教育学生以顽强的意志去克服困难，这样教学质量才有保证。

（7）灵活回答学生的提问　提问，不仅是教学的需要，也是控制好课堂纪律的需要。如果是教学需要，提问肯定要精心设计，而在课堂上如果纪律出现问题，也可随机提问。对于爱走神的学生，提问是提醒；爱讲话的学生，提问是警告；爱睡觉的学生，提问是惩罚。利用好提问，充分调动学生参与教学巩固课堂纪律。学生的回答正确的要给予肯定、表扬，但要暗示其专心听讲。

对于回答不知道或者回答不正确的，不要轻易放过学生，否则达不到警告或惩罚的目的。对策是可以循循善诱，从更容易理解的角度提问，或是给予提示，让每一个站起来的学生都要开口。

学生回答中可能出现离题的情况，离题万里肯定不好，但是如果可以借题发挥的话，新教师不要怕影响课堂纪律或教学进度而一棍子打死或者马上将学生引回主题。

这种情况下，引导得好能够激发更多的智慧火花，还能够营造民主的课堂氛围，从而优化课堂纪律。例如在讲述八年级关于国家保护未成年人的生命健康权，提问为什么国家禁止使用童工，有学生回答的是为什么社会上会有童工。抓住这个机会让学生讨论，进而再抛砖引玉提出应如何解决童工现象的问题。学生围绕这个话题积极发言，教育效果显著，课堂纪律也优良。

（8）与班主任建立"联盟"关系　在学生心目中，班主任的威信是毋庸置疑的。新教师可与班主任建立亲密的"联盟"关系，借助班主任的力量来搞好课堂纪律。可经常向班主任反映该班上课的情况，包括好的和不好的。只反映不好的情况，别说学生不爱听，就是班主任也反感。发现好的现象及时反馈，班主任更乐意帮忙。一些棘手的问题，可让班主任帮忙解决。

当然，并不是说事无巨细都要班主任出面，这样反而让学生认为这个老师无能，适得其反。学生看到这个科任老师和班主任关系不错，怕老师随时会告状，上课时候就不敢捣乱。

可以说，每一个新教师都要经历一段磨练，才能更好地掌握教学工作。所以新教师必须不断总结经验教训，尽快地提高业务水平，成长为一名优秀的人民教师。

新老师上课的注意事项

（1）所教东西尽量与最近最新鲜的例子和应用联系起来，有利于学生有更感性的认识学习得有目的性，可调动其兴趣，愿意学习。

（2）所写黑板的板书列本部分标题后，在旁边黑板上画图或表，每讲完此部分后把详细部分擦掉，把大标题留下，最后上完课后黑板上整齐的留下本节课所讲内容的骨干大纲。如此显得教师讲课有条理性，一切尽在掌握，且有利于给学生总结。到底那一部分是基础，那一部分是重点，或是难点，有利于告知学生重点难点。

（3）比如声音适中，但在重点难点时要有变动，总是一个音量容易使人疲倦；当讲到难点重点时，加以强调，引起学生重视。

（4）讲课时面向学生，不可只看黑板。观察学生的反应，适当调整讲课节奏和增删例子；若可以，综合使用各种教学手段，比如讲程序时使用幻灯片，讲综合知识时使用PPT，对知识点具体讲解时可在黑板板书，可控制好教授速度，易于学生接受，各种教学手段交叉使用，给予了学生新鲜感，也易于其集中注意力。

（5）有可能的话，对学生进行提问等形式的沟通交流，有利于活跃课堂气氛；或是自问自答，引起学生好奇后给出答案，有利于增加学生印象；从容、自信，对所讲内容熟悉，对其他相关课程或是研究进展之类有很多了解，能够给学生很多新鲜知识，让学生产生信任感。

（6）教课过程中，注意多讲些例子，使知识比较形象，易于理解和接受，并有深刻的印象。刚上课的前六分钟学生（教师也一样）

的注意力不是最佳状态，不适宜学习新知识，尽量微笑，进度可稍缓，试讲选取内容不宜多，一个问题讲清楚就好。课后跟听课教师交流，表明自己经验不太足，但要有足够的敬业精神，对教学感兴趣。

16. 美术课堂教学纪律的特点

搞好课堂教学纪律是重要的，这其中很多问题都值得深入探讨。在美术教学中纪律往往是我想要谈并且一直在思考的一个问题。因为课堂教学的有组织性和引导学生自由创作，可能会出现无序性的矛盾。

课堂教学的有组织性是上好课的保证，这是大多数教师认可的原则。但有些类型的美术课往往不需要孩子端端正正地坐在那里，比如一些手工课，需要几个学生合作完成。学生们凑在一起难免会各抒己见，不会像大人那样可以克制自己，这样势必造成课堂纪律松散。还有一些绘画课为了更好地调动孩子的积极性，激发学生的兴趣和创新有可能进行小组创作，课堂也会显得不安静。问题是这样形式上的"乱"并非无效，学生在一起能互助互帮，充分调动学生的积极性。

国外的老师在上美术课不需要孩子坐得端端正正，他们给孩子足够的空间创作。学生作画时可以戴耳机听音乐，边听自己喜欢的音乐边作画。我想这在国内肯定是行不通的。

学校要求课堂必须有秩序，但一味的整齐往往会抹杀孩子的个性，限制孩子的创造性。怎样兼顾呢？既要学生学好，又要学生纪律不乱，我想只有要求教师在组织教学上收放自如，既不放纵，也不压制。允许小声交谈，不许大声喊叫。只有这样才能保证课堂氛围活灵活现。

17. 加强体育教学的"课堂纪律"

体育课堂一般由开始、准备、基本、结束等几个部分组成，依据课程的类型、性质、目的、教材等内容的不同，在不同的阶段或时期，对一堂课上学生队伍的排列和纪律要求也是不同的，即使在一堂课中，不同的部分往往也有不同的要求。

注意把握纪律教育的好时机

体育课上对学生进行纪律教育是体育教学的任务之一，应该对学生提出严格的纪律要求。

一般来说，新生入学、学期开始都是对学生进行纪律教育的良好时机。开始阶段可以多安排队列队形练习，教会学生各种队列队形变换及变化的方法，这样既为今后养成良好的体育课堂常规和上课模式打下基础，又是进行纪律组织教育的必要手段。

在教学易发生伤害事故的教学内容时（如：铅球、实心球、跳高、跳远等项目），教师更要提出严格的课堂纪律要求。体育课教学有其自身的特点和规律，由于受外界干扰因素较多，学生不可能完全像文化课那样整齐的坐在教室里听课，应该在上课的开始部分和结束部分重点加强纪律教育，以培养学生闹中求静和注意力集中的良好习惯。

注意把握纪律好坏的标准

体育教学的关键在于学生身体的参与，从而达到锻炼学生身体的目的。因此，判断一节课纪律的好坏不能单单以课堂是否安静为标准，很多时候要考虑课的内容。在示范教学的时候不要因为个别学生的"骚动"而认为课堂纪律不好。体育教学的目的是通过各种练习增强学生体质，因此教学中会涉及大强度、大运动量的练习，这时候只要大部分学生能按照教师的要求，尽力去完成学习任务，就应该认为是遵守课堂纪律的表现。

注意把握纪律的标准尺度

体育教学的目的在于传授体育知识、增强体质、促进学生身心全面发展。而提高教学效果关键在于调动学生学习的积极性，让学生真正动起来。因此评价纪律的尺度应以是否利于教学任务、提高教学效果、激发学生参加运动的积极性、促进学生身心健康为标准。"动而不乱、静而不死"，应该成为我们体育教学追求的最佳境界。

18. 低年级英语课堂纪律的改善方法

课堂纪律是上好英语课的关键，也是提高英语的重要途径。现在的小孩真的很难教，教学过程比较枯燥，一个个就表现得垂头丧气的，可是如果安排一些游戏，或者表演活动，一个个又管不住自己，活像一只只小猴子，上蹿下跳，坐没坐相。基本上每节课都喊得口干舌燥，一天下来，真比在地主家干一天活还要累，尤其是嗓子更是疼，这可不行，得想个办法，管住这些小猴子们才行。逐步找到了一些上好低年级英语课的方法，主要有以下几点：

快速稳定课堂纪律

三年级的学生基本上都只有九岁左右，上课缺乏稳定性是在所难免的，关键是学生们注意力不集中的时候，教师要能把他们重新拉回课堂。常用的方法是老师喊出 one、two、three，等老师喊完，学生们喊出 three、two、one，并同时要求学生能够坐正，通过一段时间的训练，学生已经形成了良好的习惯。这方法对于稳定混乱的场面非常有效。

提出明确的课堂要求

在上课前就明确提出学生应该在这节课上纪律方面的要求，让学生知道，课堂上什么该做，什么不该做，并且尽量把学生在活动中可能存在的不遵守纪律的现象作以要求，那么他们就知道如果自己这样做了的话是要受到批评的，必要时要受到惩罚。且在课前对学生提出我们这节课有哪些学习的目标，也就是在学习上有哪些要求，当然这个目标要在这节课结束的时候进行检查总结，表扬做得好的学生，鼓励有进步的学生，让他有滋有味地学习，体验成功的快乐。

控制课堂的进度

做到这一点教师必须认真备好每节课，明确自己上课的内容、重点和难点，做到有的放矢。教师要对本节课教学内容做到统筹把握，灵活运用。此外在教学中还要注意适时调整学生的学习情绪，如在课上到一半时，让学生休息调整一下，听一首英语歌等。教师在教学过程中不要让自己上课过程不紧不慢的，这样会给学生以懒散的心态，让他们有了讲话，做小动作，愣神的机会。当然一旦发现学生开小差要及时提醒。

建立有效的评价机制

学生如果表现好可以获得老师的奖励，这对于小学低年级的学生来说非常有效，哪怕一个小小的五角星，都会让他心满意足。评价可以以小组的形式展开，也可以以学生个人的形式展开，一般课堂上我们以小组形式展开，而作业以个人的形式展开。对于上课表现好的小组，（上课时守纪律，积极举手回答问题）教师可以奖给小组五角星，下课时统计哪组得的星星最多，到周末的时候再统计一次，并评比学习英语积极小组。个人评比一般比能否按时完成作业，作业完成质量是否高，如果连续一个阶段作业都完成的不错，那可以奖励少做作业（因为他每次作业都很认真，实际上抄写作业他不做也会了），这一活动很受小朋友们的欢迎。

19. 小学生课堂纪律的管理方法

怎样控制好小学生的课堂纪律可以从两方面着手：

课堂违规行为的预防

（1）制定具体行为规则　在每学期开始时要用一定的时间来解释他的基本行为准则。

（2）把握教学程序　首先教师在课前要做好各方面的准备工作；其次，在教学过程中，教师应注意教学的流畅性，让学生处于一个连续教学情境之中，从而减少学生的注意力偏离和出现问题行为的可能。

（3）面向全体学生教学　教师要顾及全班学生，随时发现问题，解决问题。这样，就使有小动作或其它纪律问题的学生无可乘之机。

（4）要使学生有事可做　例如，教师让个别学生到黑板前回答问题，他就应让其余的学生在各自的课桌上进行同样的练习。这样，多数学生就不会感到无所事事。

（5）给学生自我表现的机会　如未经许可就发言，离开座位，干扰同学等，教师应该在恰当的时候给学生提供表现的机会，一方面让他知道表现的恰当时机，另一方面又满足了他的被关注需要。

课堂违规行为的干预

（1）移走分心的事物　并且安静地告诉学生这些东西在下课后

才能归还。教师的态度要温和但坚决，不要啰嗦，告诉学生这些东西会保管在合适的地方直到放学。

（2）强化恰当的行为 遵守纪律的学生得到精神或物质（如小红花）上的鼓励。

（3）提高学生的兴趣 教师在学生表现出失去兴趣时可以宣布已完成了多少任务，已完成部分做得很好，并且与这部分学生讨论学习任务，这可以帮助学生将注意力回到学习任务上来。

（4）提出有意义的问题 当学生表现出失去兴趣时，教师可以问他们一个问题，让其解决一个难题或者读一段课文，以唤回他们的注意力。如果学生对问题的回答恰当，则表明他们是专心的，应该给予强化。

（5）合理的调整教学 教学有时并不像教师所期望的那样发展，学生可能会因为各种原因而失去兴趣。如果在课堂上有学生开始做白日梦，递纸条，打哈欠，伸懒腰或离开座位的时候，就意味着应该对教学作出一些调整，例如改变教学活动，做学生喜欢并需要他们参与的小组讨论，游戏等，教师要注意选择不同类型的活动，避免单一活动。如果教师能较早的对教学作出调整，就能将学生的注意力集中于课堂，维持好纪律。

（6）合理地制止违规行为 可以与违规学生的目光交流或摆手制止学生的不恰当行为；可以靠近分心的学生，帮助他将注意力收回到学习上；可以将手放在学生的肩上让其安静，或者抓住学生的手将其送回座促使学生改变。

20. 小学生纪律教育的指导

纪律是规范学生行为的一种强制性力量，学生自觉遵守学校的各规章制度既维持了学校的正常教学，又让学生顺利、有效地进行学习，培养学生良好的思想道德品质。但是在小学各年级中违纪现象是屡见不鲜，有一部分学生是经常违反校纪校规，他们每天都是状况不断，让教师耗费了大量精力，此时教师总是采取简单的威严压制方法，但效果并不好，有的学生看似不闹了，这只是暂时的，你会发现很快他又会再次违纪，甚至有的学生会变本加厉。这就向我们教育工作者发出了挑战，为了祖国的花朵能健康成长，我们努力钻研开展切实有效的纪律教育。

了解违纪原因和心理特征

我们要深入了解常违纪学生的违纪原因和心理特征并区别对待，要教育学生、纠正学生的违纪行为，就得先了解学生，知道学生违纪原因和心理活动特征。从小学生的心理发展规律来看，经常违纪的学生，大体有以下心理原因：

（1）对纪律要求不明确　有的学生根本不明确纪律的具体要求，因而也就不了解遵守纪律的重要性。这种情况多发于低年级学生身上。例如，有的小学生考试是一边写一边说着，他可能自己并不清楚这种做法违背了课堂纪律，干扰了别人的学习；有的小学生把游戏机带到学校来玩，还不知道为什么不能带，也是不知道纪律的重要意义。由于低年级踏入校们不久，对纪律的不明确，所以需要教师进行强化。

（2）不良习惯的影响　在原有不良习惯的影响下，从而导致多数学生无法遵守新的学校纪律。有些小学生在入学前就形成了一些不良习惯。如：说粗话，自己的东西随处乱扔。虽然入学后，接触了新的纪律，也从老师口中知道了作为学生应遵守班规校规，但由于小学生的自控能力弱，往往很难改正旧习接受新的纪律约束。所以小学生有时会安分地遵守纪律，但不能够长久。

比如有的学生对老师就会顺口说出粗话，但他自己又立刻知道错了，这种情况教师必须以满腔热情晓之以理使学生认识到违纪行为的严重性，以后不再做类似的错事，同时也要使学生感到自己改正了错误，同样是一个好学生，使他们有前进的动力。

（3）受到性格原因的影响　性格原因会使部分学生不严格要求自己。有些学生经常发生违纪行为与其性格存在某些缺陷有关。而学生这种性格缺陷往往和家庭教育的不当有关。有的家长由于工作不顺利或婚姻不和谐，往往把怨气撒在孩子身上，不是打就是骂。孩子在这样环境熏陶下，有的变得特别的野蛮，如果哪个同学或老师说了他的不是他就会态度恶劣，大闹课堂或和同学打架；有的家长过分的宠爱子女，养成任性和胡作非为的毛病。

当家长看到孩子犯错说了两句，孩子就大吵大闹，乱扔东西，这时家长往往为了息事宁人，就屈就孩子，不批评了反而是哄他，给他买这买那，长此以往，孩子就养成了任意妄为的脾气。有的家长教育自己的孩子要打人、咬人，是为不让别的孩子欺负，殊不知，这样做是害了孩子，以致于这样的孩子进入学校，很难接受规章制度的约束，这样的孩子教师要有充分的耐心，长期抓、抓反复，逐步纠正学生的违纪行为。

（4）是非观念的薄弱　对这点不理解，也就分不清正确行为和错误行为。有的学生把遵守纪律看成软弱，怯弱的表现。背后会嘲讽那些好学生，把破坏和违反校纪校规看成是英雄行为，把帮助同学打架看成"行侠仗义"，对同学的违纪行为提供方便，比如在考试中帮助同学作弊。这些同学大都是受到各种传媒的不良诱惑和社会上一些不正之风的影响，没有养成一个正确是非观念。又如，有的教师要求学生要勇敢，有的学生不知道什么是勇敢，把粗野行为当作勇敢犯了错误。这时就需要通过各种方式向学生讲解行为规范，提高他们的认识。

发掘积极因素，培养战胜信心

俗话说"金无足赤，人无完人"。没有哪个人是完美的，任何人身上都有优缺点。只是有些人缺点要多些，就蒙蔽了我们的眼睛，让我们只看到他的缺点，而忽视了他的优点存在。要想纠正违纪行为，必须以这个优点为切入口。所以教师要用全面和发展的眼光看待学生。首先就得相信学生有好的一面，然后开始积极发掘出来。

违纪生身上的优点，往往只闪现出来，所以很快会消失，教师要及时发现，及时表扬，一旦他做好事就要大力表扬，否则他身上仅有的一点上进心就会挫伤，甚至一蹶不振。电视剧《家有儿女》中刘星也是个调皮捣蛋的孩子，有次他帮助弱小的邻居赶走了小流氓，他自己非常的高兴，更希望得到他人的表扬从而激励自己再接再厉，而他的妈妈一句表扬也没有，认为是理所当然的事，他心理烦闷极了，自信心受挫，一点价值感也没有，等他再次看到邻居被他人欺负就表现得无动于衷。前后的鲜明对比，不难看出找出他人的长处并及时鼓励会让人信心大增。进行纪律教育要从扬长开始。

违纪生身上的积极因素不容易找出来，但也是多方面的。它可以是兴趣、爱好和特长，也可以是平时流露出对美好东西的向往之情，也可以是自身的优点等。如我刚接手的一个班一个学生文同学，他学习习惯差，常有不写家庭作业、爱打闹、不爱护公共卫生等违纪行为。他被老师批评的次数太多了，现在他已经成了"老油条"了，老师的批评，对他已经没什么作用了，他认为顶多就站个办公室，这已经是惯例了。其他同学也认可了这种方式，见惯不怪了。我决定要找到他的积极方面，他不缺少批评，现在已经过剩了，缺少的是鼓励，缺少的是别人帮他找到长处，使他的自信心闪现光芒。所以我立即给他布置了一个任务，请他自己帮自己找长处，可以细致到讲了一句积极的话，任何一件小事都可以。他很快找到一条跑步跑得快。我先表扬他又接着问他："还有别的吗？"他有些不好意思地低下头，没有。我就很认真的对他说："你必须再找一个优点，找不到就罚抄。"他心里一定很奇怪，也不会对我的这样的批评反感。之后我发动全班帮助他，先开始大家纷纷说他的缺点，没有一个人说到的优点，我明确强调希望大家给他找优点。他得到了全班的肯定和赞扬，从此，他乖多了，学习的兴趣也浓了，能自觉遵守纪律了。

由此可见，我们只要细心观察，每个学生身上都有闪光点，当学生违纪时，困难的不是批评，不是指责，而是找出他的长处，能够发现到他的积极因素，并做到及时赞扬。

教育工作者是学生成长的引路人，对个别违纪学生不能排斥、偏见，一定要将其融入集体中，不能总让他显得"特别"，如果他一违纪，就大肆批评、处罚，就更助长了他从班集体中脱离，会更难教育，一旦发现他的优点就要在集体中及时肯定和鼓励。因为集体对个体的欣赏，是对个体极大的精神支柱，会激发他的自信心，会让纪律教育变成自觉纪律。

21. 中小学生纪律教育的研究

纪律教育是中小学校德育工作的主要内容，同时也是建立和巩固班集体的根本保证。有了严明的纪律，学校就会变的井然有序，学校中的每个学生的思想、学习、生活等各个方面既有约束又有自由。

班集体就会出现既有统一意志又有个人心情舒畅的生动活泼的局面。一个学校和班集体如果没有必要的纪律，就无法进行正常的教学，更谈不上教育任务的完成。

实践已经充分的证明：任课老师不抓纪律，就会出现乱课；班主任不抓纪律，就会出现乱班；德育处（或相关管理人员）不抓纪律，就会出现乱年级，甚至更严重；校长不抓纪律，就会弄的全校混乱，混乱的学校（班级）的校风（班风）必然是很差的，乱班的学习成绩肯定上不去，不仅如此，学生的思想品德也会存在问题，严重的会一连不断的出现违反纪律和违法的现象，所以，我们中小学校和老师必须努力的抓好学生的纪律教育。

经过实践的调查和研究，以及我们在实际工作中的积累，得出了以下的结论：

出现的纪律问题

（1）随便乱说话　主要体现在教学区域和生活区域，（上课、自习课、午睡、晚睡等）。这是一个普通性的违反纪律的现象。这种问题看起来是个小问题，如果不通过一定的教育方式来及时的加以制止，就会产生严重的后果。他可以由小声的说话发展到大声的说话，由两个人到多个人，由近距离到远距离，最后导致说起来没完没了。

（2）迟到、早退、旷课　在中小学学校，学生迟到的现象时有发生，主要是由于学生的时间观念和时间管理能力差，常常睡懒觉、看热闹、随便打闹所导致。早退、旷课是考勤制度中最严重的问题，如此的早退、旷课一定有着特殊的原因，它不仅耽误学生的学习，还会带来更坏的后果，甚至与坏人勾结或在坏人的引诱下，在学校的外边做出了违反纪律和违反法律的事情。

（3）争吵、打架、骂人的现象　这是中小学生易发生的问题，主要发生在生活区域和其他公共场所，有时还发生在课堂上，特别是有些男同学容易冲动和女学生的任性，他们的语言表达能力和自我约束力差，时常出现这种现象。打架手段的原因，一般都是一些微不足道的小事情，例如：打饭插队、影响别人休息、出言不逊等原因。

58

（4）抄袭作业、考试作弊现象　这些行为时有发生。考试作弊的原因有以下几种情况，分别是：

①是对学习缺乏兴趣的学生，平时对学习无所谓的态度，希望考试作弊。

②是原来学习基础就是很差的学生，虽然平时很努力，很认真，但是很难及格，在存有侥幸心理和焦虑的心理的情况下进行作弊。

③是讲同学友情，讲义气，在考试时，因为帮助同学而进行作弊。

④是本身学习不错，为了争的荣誉和奖励，从而作弊。以上几种情况中前两者比较居多。

（5）小偷小摸现象　在中小学生中，小偷小摸的现象时常发生，偷摸的东西小到一个橡皮，或者小刀，大到财物，行为非常的恶劣，严重影响了中小学生的形象，同时也影响了教育工作的开展。

（6）损坏公物的现象　目前有一大部分的中小学生缺乏保护公共设施和财物的意识，更有甚者是明知故犯。

（7）抽烟和喝酒现象　当今的中学生把抽烟和喝酒作为一种时尚，特别是部分中学生。

解决问题的具体对策

针对上述出现的纪律问题，学校和教师应该是以预防为主，应该采取下列一系列的措施：

（1）对学生进行守则教育　我们现在的中小学生的学生守则，其实就是学生的行为规范，为了学生自觉的规范自己的言行，首先对他们就应该进行守则教育，从而针对小学生和中学生的接受能力采取不同的方法。

（2）对学生进行规范化的教育　在学校中，学生应该遵守的校规、常规、班规主要是几项成文的制度，例如：考勤制度、奖惩制度等等。常规是指除国家和上级颁发的成文制度外，学校自身制定的一些制度，例如：作息制度、课堂常规、文明公约等构成的不成文的规章制度。班规是班主任根据学校的要求和自己班级的实际情况制定的规章制度。很多班规都有自己的规章制度，但是仍然有些班级在这个方面仍然是个空缺。

（3）在同学中开展集体的评比　对于低年级的同学来说，有效的方法就是搞课堂纪律评比：人与人比、组与组比；然后组长检查个人、班长检查小组，可以评分插红旗，可以上红榜，也可以采取多样的形式，内容也可以是不同的。例如：对于乱班，进行全面的要求可能效果不显著，此时可以针对一种行为进行单项评比。

（4）开展群众性批评和自我批评　教师在处理较大的问题时，在把学生叫到办公室的同时，也可以在班级上处理，要在摆清问题的基础上，鼓励学生发表自己的看法，从而形成良好的认知能力和主动发言能力，然后教师做小结并提出处理意见。

（5）教师和家长密切配合　不论是在学校还是学生的家里，教师和家长都要相互协作，密切配合，做好学生的纪律监督工作和教育工作，从而形成一个良好的习惯，要让学生达到"人支配习惯，而不是习惯支配人"的境界。

（6）要坚持严格管理的原则　在纪律问题上，有部分的同学怕身强力壮的男老师，有的怕瞪眼睛和攥拳头的，有的怕老师挖苦，有的怕老师批评，有的怕处分，所以我们要"严"字当先，俗话说"严师出高徒"，就是这个道理。

（7）给予学生必要的爱　在管理学生的过程中，在使用"高压手段"的同时，更要注重学生的思想工作，对一些表现异常的学生，我们要细心的询问，给予必要的关爱，以免学生走极端，通过对其思想的开导，从而使学生走出心灵的阴影。

（8）教师要起到表率作用　教师要以身作则、言传身教，努力做到"喊破嗓子，不如做出样子"，这样才能起到表率作用。事实证明：身教是无形的教育，它不带有任何的强制性，完全是用示范的作用来引导学生，具有极大的感染力。可以说身教是一种最基本、最形象、最有说服力的直观教材，因此，"打铁还需自身硬"，我们的教师同志们必须注重自身的能力和形象塑造，坚持不懈的致力于自身的政治、思想、道德素质和专业素质的提高，为做好自己的本职工作打下良好的基础。

有关纪律教育的方法是很多的，但是没有一种是万能的，这就需要我们教师不断的借鉴他人的经验，在实践中不断的进行探索，针对在工作中遇到的不同情况，采取一种或者几种方法，最终总结出一套适合自己管理学生纪律的工作方法。

由此可见，纪律教育的目的不在于一时的表面效果，而在于它的深层次的学生的自我教育能力的提高。

22. 高校教师如何落实纪律教育

（1）在高校教师中开展纪律教育的意义 高校是培养人才、传承文明、建设先进文化的重要基地。高校教师是宣传社会主义理论、传授科学知识的坚实力量，肩负培养社会主义合格建设者和可靠接班人的重任，在高校教师中开展纪律教育是提高高校教师政治理论修养和自身素质、净化教育发展环境、保证大学生健康成长的必然要求。

（2）高校教师纪律教育的内涵 在高校教师中开展纪律教育就是要认真贯彻落实党的十七大精神，以邓小平理论和"三个代表"重要思想为指导，全面贯彻落实科学发展观，以增强党性观念、推进科学发展为主题，教育引导广大高校教师坚定理想信念，增强党性修养，提高高校教师防腐拒变的能力。通过纪律教育，广大高校教师要牢固树立中国特色社会主义的理想信念；牢固树立立党为公、为人民服务的思想意识，为办好人民的教育奉献力量；牢固树立求真务实、廉洁自律的工作作风，为营造风清气正的教育环境而努力；牢固树立诚实守信、修身成才的道德品质，为建设和谐校园和和谐课堂尽心尽力；牢固树立爱岗敬业、恪守学术道德的严谨工作态度，做到厚德崇教、教书育人。

（3）高校教师落实纪律教育要求的途径　高校教师既是社会主义理论的传播者，又是先进科学化知识的传授者，因此高校教师落实纪律教育必须将二者结合起来，既要重视在政治思想上的提高自己修养，也要重视在教育教学水平上提高自身素质。

①学习政治理论，提高党性修养　政治理论学习是固本之举，高校教师应不断提高政治理论学习上的坚毅力。

一是要勤学邓小平理论、"三个代表"重要思想，认真领会党的十七大精神，运用辩证的方法来认识、分析、解决问题，把握正确的政治方向，任何时候都要与党中央保持高度一致；

二是要勤学党的建设和反腐倡廉教育内容，加强党性修养和世界观的改造。高校教师，尤其是党员教师，要严格遵守党的组织纪律，自觉树立组织纪律观念，正确处理组织与个人的关系、民主与集中的关系、自由和纪律的关系，自觉接受党组织的教育、管理和监督；要经常清扫思想上的尘霾，检查自己的思想和行为是否符合党章的要求，是否辜负党和人民的重托；要严格自律，牢记廉洁从教，不贪学生及家长的钱物，不贪占公共和他人的钱物，不染社会上出现的贪、贿、欲等恶习，始终以清廉纯洁的道德品行为学生和世人做出表率。

②修身养性，提高人格魅力　人格反映一个人的思想品德和精神风貌，教师被誉为人类灵魂的工程师，然而教师只有努力做到"立志、修身、博学、爱国、守法、诚信、知理"，才能真正成为具

有高尚思想品质和良好道德修养的人，也只有这样的教师才是具有人格魅力的人类灵魂工程师。高校教师所从事的是教育人、塑造人的事业，教师一言一行，都会通过这样或那样的方式对学生的各个方面产生影响。因此，高校教师必须时刻注意自身道德情操的修养，在日常生活中时刻注意自查自省，努力做到以下几点：

——讲诚信；高校教师要时刻对党忠诚，对人民的教育事业忠诚，真诚地做好教育工作，为人处事诚实守信。

——讲情理；高校教师要视同事为兄弟、视学生为亲人，努力做到关心人、理解人、体贴人、以理服人、用真情感染人。

——讲公心；高校教师在工作中要讲党性、顾大局，以干好教育工作为己任，恪尽职守，一心为公。

——心胸要豁达；高校教师要襟怀坦白，宽厚待人，善于听取不同意见，闻过则喜，从善如流。

③提高专业素质，做到博学多才　高校教师在一定程度上是学生心目中的榜样，高校教师只有博学多才，学生才会"亲其师、信其道"，所以高校教师必须有扎实的专业知识。当代科学知识分化急剧，新陈代谢迅速，应用期越来越短，知识的创新性越来越鲜明，这就要求教师要善于吸取新信息、新知识、新理论，不断充实自己，完善知识结构。高校教师的博学多才既表现在"精通"，也表现在"知新"。"精通"就是对所教学科，要掌握其基本理论，了解学科的历史、现状和发展趋势，深刻理解学科的社会作用，做到不仅知其然，而且知其所以然，在教学中能够举一反三，运用自如，激发学生的学习兴趣。"知新"就是要善于学习新知识，自觉接受继续教育，了解学科的最新发展动向，始终站在知识的前沿。

④改进教学方法，大胆创新　改进教学方法、创新教育思路，是使高校教师的教学工作始终充满活力的关键，如果仅凭经验办事，按部就班，不愿创新，怕承担风险，就会被时代的发展远远地抛在

后面，也不会受学生的欢迎。高校教师需要解放思想，从陈旧的思维方式和工作方法的羁绊中解放出来，善于从纷繁复杂的事情中抓住主要矛盾，运用新的教学理念、新的教育思路改进教学方法，转变学生的学习方式，激发学生的创新活力，推动教学工作超前发展。高校教师还应在学习借鉴的基础上大胆创新，逐步形成自己的教学特色，不断提高课堂教学实效，为全面提高学校教育教学质量做出新贡献。

⑤拉近距离，建立和谐师生关系　和谐的师生关系是激发学生学习积极性、主动性、创造性的重要动力，对提高课堂效益是十分重要的。师生关系融洽，不但活跃了课堂气氛，而且可调动学生极

大的参与热情；反之，则会严重阻碍学生学习能力的提高，当然更谈不上课堂效益的提高。师生关系是一种特殊的人际关系，高校教师要妥善处理教师与学生之间的这种关系，需注意以下几个方面：

尊重学生，尊重是教育的前提，高校教师要既做先生，又做学生，只有尊重学生，才能取得学生对教师的信赖，此时教育教学才有可能走向自由。

热爱学生，俗话说野蛮产生野蛮，仁爱产生仁爱，这是教育的真理，热爱是教育的保证，教师热爱学生与学生热爱教师互为条件。没有教师的挚爱，也就不可能有学生的乐学，也不会有和谐师生关系。

了解学生，只有了解学生的思想、心理和行为，教师的教育才不会变成一种盲目的行为。高校教师应尽量了解学生的需求，才能对学生进行有针对性的引导，使学生感到学习是有趣的，这样才能更好的促进学生在知识的海洋里遨游。

纪律教育是一项长期工作，在高校教师中开展纪律教育对促进我国教育事业发展具有重大意义。高校教师只有认真领会纪律教育活动的目的和意义，将纪律教育融入到教学实践中去，才能将纪律

教育落到实处。

23. 指导大学生遵守纪律的教育

纪律就是规则，是指要求人们遵守已确定了的秩序，执行命令和履行自己职责的一种行为规范，是用来约束人们行为的规章、制度和守则的总称。

青年人都向往自由，而纪律又是以约束和服从为前提的，因此有些青年人便产生了误解，认为遵守纪律和个人自由是对立的，要遵守纪律就没有个人自由，要个人自由就不该有纪律的约束。纪律和自由，从表面上看，二者好像是不相容的，实际上是分不开的。遵守纪律才能使人获得真正的自由；不遵守纪律，人们就会失去真正的自由。

虽然学生的主要任务是学习，但在学校期间必须要按时参加教学计划规定和学校统一安排组织的一切教学活动。注意课堂礼仪，遵守课堂纪律、认真听课、不迟到、不早退。从而内化为自己的道德要求，转化为自己的自觉行为，让这种"优秀"纪律在我们心中荡漾。

学校纪律教育是不可缺少的教育内容，没有严格的学校纪律，必然会影响学生习惯的养成，必然会导致学习的松弛，违纪成风。因此，我们必须进一步完善各种规章制度，加大学校秩序的管理力度，创造良好的学习、生活环境，最终把纪律约束变为一种自觉的约束，把自觉的行为习惯升华为一种文明素养，让这种"优秀"纪律在更广阔的空间上飘荡，驰骋风云！

纪律属于道德的范畴。一个人的纪律性如何，能够直接反映出他们的思想道德水平。惟有思想道德高尚，对纪律的重要性具有深刻的养成遵守纪律的习惯，使遵守纪律成为我们自觉行动。

　　纪律，是你让优秀成为我们的习惯；是你一直荡漾这我们的心扉；是你让这种习惯成为文明素养。纪律在我心，让我们一直将之坚守。

第二章

学生纪律素质教育的故事推荐

1. 李离自尽赎过

李离是春秋时晋文公手下的一个狱官。他执法严明，公正无私。

有一次，他的下属向他呈报了一个杀人案件。他仔仔细细地听了下属的案情报告，又说人证物证俱在，案情十分清楚。还说，那犯人虽开始拒不承认，但后来的几次审问，他终于承认说死者是他所杀。李离觉得此案并无什么漏洞，便没有亲自提审犯人，他大笔一挥，将被告判了死刑。那犯人依法被处斩了。

不久，官府意外地查出了此案真正的杀人凶手。原来是那杀人真凶，杀人后采取了嫁祸于人的伎俩，蒙骗了办案的人。

李离得知此事后，追悔莫及。于是，他毅然自枷上朝，怀着十分内疚的心情，来到晋文公面前，"扑通"跪下，自首道：

"臣冤杀无辜，罪该万死，愿以七尺之躯，偿死者之命。"

晋文公面对这个执法无私的大臣，深感是个难得的人才，不忍心将他处死。便劝说道：

"人死了不能复生，那人既已处斩了，何必还要搭上一条命呢？"又说："造成冤案的责任主要在你的下属，要罚就处罚他们好了。"

说着，晋文公亲自走上前去，给李离打开了刑枷，扶他起来。

李离仍旧跪着，不肯起来，他说：

"国家的法律规定：法官错判刑的，应当服刑；错杀人命的，应当抵命。倘若国君不治臣的死罪，那么，将来草菅人命的事情还会发生呀！再说，我的职务比下属高，俸禄比下属多，职位不让给人家，俸禄不分给人家，如今我轻信诬告，错杀了人，哪能把责任推给人家呢？"

"照你说来，你的下属办了错事，你认为自己有罪，而你是我的臣子，那么，我也有罪呀。"晋文公继续劝慰他说。

李离回道：

"国君委我以重任，而我却没有尽到自己的责任，有负国君厚望。如今错杀了人，就应当依法处治。臣以为不论官阶高低，治罪应当一视同仁，王子犯法，与民同罪。现在我既犯下死罪，怎么可以不受处治呢？"

李离见晋文公仍摇头不准，便"嚯"地站起身来，拔出佩剑，自刎而死。晋文公见此情景悲痛不已，事后，下令厚葬了李离，并将此事通告了全国，号召向他学习。

2. 晏子拒迁

晏子，名婴，春秋时齐国人，曾任齐国的相国。他为人机智，善于辞令，辅佐齐景公，把齐国治理得井井有条，齐景公很倚重他。

晏子任相国，可谓是一人之下，万人之上，职位算是很高了，但他所住的房屋却又矮又旧。齐景公心里觉得有些不安，想给他建造一所宽敞高大的房屋。

一天，齐景公对晏子说："相国，你的房子又矮又破旧，而且离闹市太近，整日不得安静，长此下去怎么行呢？还是给你建个宽敞高大些的住宅吧！"

"感谢国君的关心，我住在那儿很好！"晏子感激地说："我现在住的房子虽然破旧些，却是我祖辈一直居住的地方。我对国家亦无大功，住着先人留下来的房子心里还觉得不配呢，怎么还能换更好的房子呢？"

齐景公再三劝说，晏子始终不肯搬迁。齐景公为此很伤脑筋。

有位大臣对齐景公说：

"有倒有个办法，国君不妨试试。"

"你有何妙计，请快快讲来！"齐景公迫不及待地问。

"相国为人十分刚直，靠劝说让他搬迁是不可能的。国君要想了却此愿，只有等他不在家的时候，派人把他的旧房舍拆掉，然后再为他盖好新的房子，待相国回来，那时，生米已做成熟饭，他再反对也没有办法了。"

齐景公听罢，非常高兴，连声说："好！好！好！"

不久，晏子出使晋国。齐景公照计行事，立即派人给晏子盖了一座华丽宽敞的新住宅。

晏子出使归来，刚到城里，就有人告诉他说，国君为他修建了

新宅，原来的旧房子拆掉了，还拆了邻居的房子。听到这一消息，晏子深感不安，沉思良久，对身边的随从官员说：

"烦你去宫中禀告国君，感谢他的一番好意。但为了我能住上好房子，把左邻右舍都撵走了，我于心实在不忍。让我住在这样的宅院里，我一天也难安宁。请国君恩准重新恢复原来的住宅，让邻居回来居住，否则，我哪有脸面再回家。"

随从官把晏子的这番话转告了齐景公，齐景公十分生气，怒冲冲地嚷道：

"寡人尽心尽力为着他好，他却如此不识抬举！"

朝中大臣们也七嘴八舌地嚷开了：

"相国的做法，也着实有些不近人情。"

"真是好人做不得啊！"

"其实相国也有难处啊，他是百官之首，宫里宫外，上上下下，大小官员都看着他，他若身不正，影子就跟着歪了。"

齐景公听了大家的议论，考虑再三，对那随从官挥了挥手：

"好啦，随他去吧！"

晏子回到家中，立即叫人将新宅拆掉，重新恢复了原来的住宅，

又将迁走的邻居全部一一请了回来。邻居们对他的行为都十分感动。

3. 子罕却宝

子罕，春秋时齐国的一名大夫。他虽身为京城中的官员，却从不恃权营私，贪恋钱财。不管是亲朋好友，还是素不相识的陌生人，凡别人送来礼物，他都一概拒收。

一天，子罕正在府中处理政务，忽然差役进来禀报说，门外有个人求见。子罕急忙放下手中的事务，示意有请。

不一会儿，差役把那人请了进来。只见他身着峨冠博带，衣冠楚楚。进得门后，一边向子罕施礼作揖，一边口若悬河地说开了：

"久闻大人英名，如雷贯耳，怎奈宋齐两国路途遥遥，无缘相见，今日得见大人尊容，实属三生有幸……"

子罕十分谦和地回答说：

"客人来访，理当会见，请不必多礼。"

接着，子罕想询问来人的情况和来意。然而那人却只管一面欣赏厅里的摆设，一面不断地奉承子罕。见此，子罕虽耐着性子，浑身却像针扎一样难受。出于礼貌，子罕不便发火，只好敷衍着和他胡乱谈了一会话。坐了好半天，也不见那人说明来意。子罕因身有公事，心里很着急，只得委婉地说：

"足下一路风尘仆仆，鞍马劳顿，是否先到客舍休息休息。"

那人说："大人既是公务在身，小人不敢打扰，今日至此，只有一事相商。"说着，抬眼望了望子罕的左右。

子罕会意，向身边的差役们挥了挥手，让他们退下。那人见厅内别无他人，走到子罕跟前，低声地说：

"小人仰慕大人已久，今日得以相见，我这里有一块刚得到的宝

71

玉，要是雕琢好了，它是无价之宝啊！现在我奉献给你，请大人笑纳。"

说着，那人从袖中把那块碧玉取了出来，双手递给了子罕。子罕接过那玉细看，确实是块宝玉。他放在手上翻来覆去看了几遍。然后，把那玉又递还给了那人。

那人一看，急了，他以为子罕怀疑那玉不是真宝，忙说：

"小人已请玉匠鉴定过了，的确是块价值连城的宝玉啊！你看这纹理多么华美，这色泽多么斑斓，这形态……"

子罕见那人如此百般殷切，笑着解释说：

"我并非怀疑它不是宝，我不收，是因为它是你的宝，而不是我的宝。对你来说它是无价之玉，而它对我来说就不是宝。你把碧玉作为宝，我把不贪作为宝。如果我收了你的宝，岂不是你也丢了宝，我也丢了宝。我看还是我们各自守住自己的宝好啊！"

听了子罕的这一番话，那人只得收起那块玉，灰溜溜地走了。

4. 魏惠王纳谏改过

战国时，魏国曾威风一时，齐、秦、赵、韩等都不敢小看它。但是，传位到惠王时，连连打败仗，惠王宠信的上将军庞涓也在战斗中被齐国的孙膑采用伏击战，把他射死。魏国国势日渐衰弱，一片片国土被人家夺去。这时，惠王才想，怎样才能重振国威，振兴魏国呢？

魏惠王请来大臣们商议，让大家提办法。

一位大臣站出来说：

"依我看，要使魏国强盛起来，不受人家的欺侮，首先是大王要识人才，任用良才。"

"我任用了你们这批大臣，这不是任用贤才吗?"惠王心里不解，反问说。

这位大臣接着说：

"当初商鞅在我们魏国做官，大家劝您重用他，可您就是不听，结果商鞅被秦国请去了。在秦国，商鞅受到重用，推行'商鞅变法'，结果秦国强大了起来。再说孙膑，他本是个军事奇才，大王您又听信了庞涓的谗言，把他的脚给打断了一只，到头来孙膑去了齐国。后来他坐在战车上，指挥齐国大军来攻打我们。这是多么大的教训啊!"

惠王听了这一番话，十分羞愧地说：

"我知道这都是我的过错。魏国今日落到这种地步，都是由于我贤愚不分所造成的! 从今后，我要痛改前非，礼贤下士，广纳天下人才。请各位多多举荐。"

惠王知过改过的消息传开后，许多贤士都来投奔魏国。像邹衍、孟轲等到魏国后都对惠王提了不少治国安邦的建议。

又有一次，惠王听大臣们议论说齐国的淳于髡（kūn 昆）知识渊博，很有才干。惠王提出希望把他请来。大臣们想了许多办法，终于把淳于髡请了来。

惠王见把淳于髡请了来，心里非常高兴，亲自设宴招待他。可在席间，淳于髡只顾低头吃菜，只是不时侧耳听听惠王和大臣们谈话，自己却显得若无其事，什么话也不说。惠王有意挑起话题问他时，他也只是支支吾吾应付一下。

惠王对此非常生气，宴后召集群臣训斥了一顿：

"你们说他有才能，我看他像个木头人!"

有位大臣急忙说：

"大王不可凭最初印象取人，可别忘记过去对商鞅、孙膑的态度啊!"

"对！对！寡人险些又犯老毛病了。晚上，你们去探听一下，究竟他对我有什么不满意的地方，回来告诉我。"

第二天，去找淳于髡闲谈的人回来报告说：

"他过去求见过您两次，您都不理睬他。这次他不知道您是否真有诚意，所以才有这种态度。"

惠王想了好半天，说：

"没有呀！我没有接见过他呀！"

旁边一位大臣提醒说：

"投奔大王的人很多，也许大王忘记了呢。"

惠王于是召来记事官，请他查一查。果然，淳于髡曾两次来见过惠王。那时惠王因忙于接受别人的礼品，没有去理睬当时名气很小的淳于髡。

惠王把淳于髡请来，一拱手谦恭地说：

"寡人曾两次失敬于先生，这是寡人的过错。那两次正是寡人接受别人献马、献乐工，说明寡人那时是重声色享乐，轻安邦治国。现在想起来，真是惭愧，请先生能予原谅！"

淳于髡看惠王勇于改过，态度也十分诚恳，于是与惠王倾心地交谈了起来。

5. 子文不护族亲

子文是春秋时楚国的令尹，他办事公道，执法严明，正直无私。

一次，掌管刑狱的廷理逮捕了一名犯人，审讯中，那犯人如实地招了供，最后，又战战兢兢地乞求说："小人做下此孽，实属罪有应得，无论如何处治，我都绝无怨言。只是恳请大人，千万不要将我的事告于令尹知道。"

廷理听了，感到很奇怪，大声喝道："大胆！你小小一个囚犯，也敢提及令尹大人？"

"大人容禀，因为令尹大人和小人是族亲，他平时素来对我们就管得很严，这会儿要是听小人犯罪，岂不是要动怒么？倘若气坏了身子，小人我怎么担待得起，所以……"

"此话当真？"廷理对那犯人的话有些将信将疑。

"没有半句假话。"那犯人说。

听到这儿，廷理心想：此人既是令尹大人的族亲，我如何惹他得起，倒不如送个人情了事。想到这里，便对那人说："这次看在令尹大人的面子上，且饶了你，以后你倘若再敢造次，那可就难办啦！"说着，便打开刑具把他放了。

那人连忙叩头谢恩，随后，连滚带爬地出了府衙。

不久，子文知道了这件事，立即派人把廷理召来。廷理满以为子文会好好地谢他，便喜孜孜的来了。

子文见廷理来了，瞥了他一眼，问道："听说我的一个族人的案子是你审理的？"

廷理连忙答道："是的，大人。不过，我已将他放了。"

"你不是将他逮捕了吗，怎么又放了呢？"子文故作不解地问。

廷理表现出一副十分内疚的样子，毕恭毕敬地回答子文说："原先下官不知道他和您的关系，所以多有冒犯，请大人海涵。"

子文听到这儿，十分生气地责备道："你真糊涂啊！国家设置廷理这个职位，就是为着处治违法犯罪的人。一个正直的廷理就应当秉公办案，执法如山；可你却违背法律，屈服于权势，无端地宽容了犯罪之徒，这是天理难容的事啊！"接着又说："那个人明明犯了法，就因为我的关系，就放了他，这不等于是在告诉天下的老百姓，我子文是一个徇私枉法的人吗？"

子文义正辞严的一番话，说得廷理哑口无言。随后，子文又立即派人把那个犯法的族人抓了来，亲自交给了廷理。廷理依法处治了他。

这件事，很快在楚国的老百姓中传开了，大家都夸赞子文办事无私，执法公平。

6. 廉洁自律的孙叔敖

孙叔敖，春秋时期楚国人。他出生在一个小官吏家庭，从小聪明伶俐，心地善良，常常帮助别人做好事。由于他博学多才，品德清奇，被楚庄王任命为楚国的令尹。

据说，孙叔敖当了令尹后，四方的吏民纷纷登门祝贺。一天，来了位老者，白头发、白胡子、白帽子、白衣服，仿佛给人吊丧一般。众人都认为这是个老疯子，主张把他轰走。

"不能如此，不能如此"。孙叔敖劝阻大家。又对众人说："他既然如此怪异，其中必有缘故。今天不管是谁，来到府上都是客人。"说完，他整好衣冠，把老人请到了厅内，恭敬地向老人施了一礼，诚恳地向老者说："请问老者，人尽来贺，您独来吊，难道有什么话要教导我吗？"

只见那位老者一板一眼地说："我有三言，请君切记：身处富贵、而傲慢无礼教训他人者，人们就会唾弃他；职位很高而独断擅权、玩弄权术者，国君就会厌恶他；享受的俸禄已经很多，仍贪心不足者，众人就会独避他。"

孙叔敖听了这番话，赶忙给老者作揖行礼，请他多加教诲。

老者接着说："身贵而不骄民，位高而不擅权，禄厚而不苟取。你若能坚守这三条为官的原则，就可以治理好楚国了。"说完，飘然而去。

76

　　孙叔敖听完老者的话，心里敬佩不已。他上任后，帮助楚庄王改革制度，整顿吏治，训练军队，又组织民众拓荒种地，开挖河渠，努力发展生产。不久楚国很快富强起来了。《史记》上记述了当时楚国的繁荣景象："上下结合，世俗盛美，政缓禁止，吏无奸邪，盗贼不起，民乐其生。"楚庄王因得到这样一个好令尹，心里也痛快得很。但是，没过多久，孙叔敖在繁忙的政务中积劳成疾，一病不起。楚庄王征集了楚国最有名的医生为他医治，也未能见效。

　　孙叔敖临终前，把儿子孙安叫到床前，嘱咐说："我知道你没有治理国家的才能。我死后，你千万不要做官，还是回老家务农去吧！如果大王一定要封给你土地的话，千万不要争好地方，就把那块没人要的寝丘要来就可以了。我已写好了给大王的奏章，我死后，你把它递上去。"

　　孙叔敖去世后，他儿子孙安遵嘱把奏章呈送给楚庄王。楚庄王一看，上面除了有关内政、外交、经济、年事和爱护百姓、奖励耕织的许多建议外，还写了这样一段话：

　　"靠了大王的信任，使我这样一个普通的乡下人居然做了楚国的令尹。尽管我十分努力办事，也报答不了大王的恩宠。现在，我要离大王和楚国而去了。我只有一个儿子，但他没有治理国家的才能。我恳求大王不要留他在身边做官，让他回到家乡去生活，这就是对他很好的照顾了。"

　　楚庄王一边看着奏章，一边流泪。看完奏章，他痛心疾首，冲着天上喊："苍天啊！你为什么夺走我的股肱之臣！"他要孙安留在身边当大夫。孙安坚持说要照父亲的嘱咐，回家乡去。楚王一再挽留不成，只好答应了。但是，也许是楚王觉得孙叔敖做了多年令尹，家里生活不会有问题，也许是由于他过分悲痛，把孙安今后如何生活的事忘了。他答应了孙安的请求后，再也没有提起过如何安排孙叔敖家人今后的生活了。

　　孙安回到家乡后，生活艰难，只得靠打柴为生，过了许多年，还是靠着孙叔敖生前的好友优孟用了让孙叔敖"复生"之计，才得以使楚庄王了解了孙安的困境。

　　楚庄王要请孙安在宫中做官。孙安仍表示要坚持遵照父亲的意思不愿做官。楚庄王说："不做官，就封你一座城吧！"孙安无论如何也不要。楚王只好说："你什么都不要，我心里如何过得去呢？天下人也要骂我的。"孙安听了说："如果这样，就请大王把寝丘那块地封给我吧！"楚王说："寝丘是块没人要的废地呀！"孙安说："这不是我想出来的。父亲临终前就是这样交代的，我怎么好自作主张更改呢？"

　　最后，楚庄王叹息了一阵，只好答应了孙安的要求，把寝丘封给了他。

7. 知过即改的信陵君

　　信陵君，名叫魏无忌，战国时魏国魏安厘王的异母弟弟。他在当时和齐国的孟尝君、赵国的平原君、楚国的春申君，都是著名的贵族，被称为"四公子"。

　　公元前 257 年，秦国出兵围攻赵国京都邯郸。赵王向魏王请求支援，魏王派出大将晋鄙领兵十万前去救援。但是，魏王慑于秦军的气焰，当魏军行进到半途中，魏王命令晋鄙按兵不动，进行观望。见此，信陵君再三请求魏王下令进兵击秦，魏王不听。信陵君认为，魏赵互为唇齿，唇亡齿寒，赵国灭亡，必然威胁到魏国。于是他设法说服了魏王的宠妃如姬，窃得了魏王调动军队的兵符。信陵君让勇士朱亥随从自己，带上兵符，假托魏王的命令，杀了大将晋鄙，夺得了兵权，击退了秦军，为赵国解了围。

　　事后，信陵君也知道得罪了魏王，所以赵国得救后，他让其部将带领他的军队回魏国去了，他自己和门客留在了赵国。

赵孝成王十分感激信陵君假传命令夺取晋鄙的兵权而保全了赵国。私下里，赵王和平原君商议，要把五座城邑封赏给信陵君。信陵君得知此事，内心十分得意，显露出一副沾沾自喜、自以为有功的样子。有位门客向他进言说：

"事情有不能忘记的，也有不能不忘记的。人家对您有恩德，您就不应该忘记；您对人家有恩德，希望您忘了它。况且假传魏王命令，夺取晋鄙军队来救赵国，对于赵国来说，您是有功的，对于魏国来说您可算不上忠臣啊。公子您这样自傲地把救赵看作功劳，我私下以为您这样是很不应该的啊。"

信陵君听了门客的这一番话，当即责备自己，惭愧得无地自容。

一天，赵王吩咐人打扫了庭院，宴请信陵君。赵王亲自迎接，行主人的礼仪，请信陵君作为贵宾从西阶上殿。按古代升堂礼仪，西阶为上首。此时，信陵君侧着身子谦恭地推辞，跟随赵王自东阶而上。坐下后，信陵君连称自己有罪，因为辜负了魏国，对于赵国也没有功劳。

赵王陪信陵君喝酒一直到接近黄昏，嘴里始终不好意思说出奉献五城的话，因为信陵君太谦虚了。

后来，信陵君终于留在了赵国。赵王把鄗这个地方送给信陵君为汤沐邑，就是斋戒自洁的地方。魏国也重新把信陵封邑上的赋税收入送归给信陵君。后人对信陵君这种闻过深思，勇于改正的精神也给予了很高的评价。

8. 司马迁拒受玉璧

司马迁是我国伟大的史学家、文学家和思想家，汉武帝时司马迁在朝中任太史令。

　　一日，司马迁正在书居中翻阅史书，忽然家仆来报说门外有客人求见。他急忙放下手中的书，示意有请。不一会，一位家仆打扮的人走进屋来，只见那人从怀中取出一封信和一个精致的小盒子递给司马迁。他打开信一看，原来是大将军李广利写来的。

　　这时，司马迁的夫人和女儿妹娟走了进来。妹娟好奇地打开那个小盒子。只见里面放着一块晶莹剔透、光彩夺目的玉璧，不禁脱口赞道："美哉！这真是稀世之宝啊！"

　　司马迁闻声，也不由自主地接过玉璧，翻来覆去地玩赏着。口里也赞叹道："是啊，如此圆润，这般光洁，真可谓白璧无瑕啊！"

　　站在一旁的夫人见此情景，开口问道："莫非大人想要收下此玉？"

　　司马迁笑笑说："便是收下又能怎样？而今送礼受贿已成风气，朝廷内外，举国上下，两袖清风者又有几个？"

　　夫人听罢，忿然作色地说："送礼受贿，投机钻营，历来为小人所为，大人对此一贯深恶痛绝，今日不知为何自食其言。不错，收下此礼也许不会有人追究，但只怕是要玷辱了大人的人格！"

　　司马迁一听，"噗嗤"一笑，说："夫人所言正是。我只是故意考一考你，谁知你竟当起真了。"

　　接着，他又转过身来，语重心长地对女儿说："此玉之所以美，就是因为它没有斑点、污痕，人也如此。我是一个平庸之辈，从不敢以白璧来比喻自己，但如果收下这份礼物，心灵上就会沾染上污痕。"

　　说着，司马迁把玉璧装回盒中，交给那个家仆，随即又挥笔给李广利写了一封回信，表达了他的谢绝之意。

9. 宽厚的刘宽

东汉末年，有一个以宽厚待人而闻名的人，名叫刘宽。

一天，他驾着一辆牛车外出游览，牛车慢慢地向前走着。突然，一个冒冒失失的人拉住了刘宽的牛车说："难怪我的牛不见了，到处找都没找到，原来是你把我的牛用来拉车了。"

刘宽对这突如其来的事，感到有些莫名其妙。心想，这么多年来我都是坐这头牛拉的车，这牛怎么是他的呢？任凭刘宽怎么向那人解释，那人只是一口咬定这头牛是他的。

刘宽转后一想，别人丢了牛，又急着要用，与他争也无用，便只好暂时让那人把牛牵走，自己步行回家。

没过多久，那丢牛人找回了自己的牛，便把刘宽的牛送了回来，并跪下叩头向刘宽道歉地说："真对不起，误会了你，随你怎么处罚我都行。"

刘宽没有责怪他，反而体谅地说："同一类动物有相似的，有时候难免弄错。现在你很辛苦的把牛帮我送回来了，我还要谢谢你呢。"

刘宽升为太尉后，成为管理军事的长官，很有权势。有一次，他家请客，叫仆人到市上买酒。大家坐着等了很久，也没见把酒买回来，连客人们都等得不耐烦了。后才见仆人喝得酩酊大醉跌跌撞撞地回来了。有个客人忍不住骂道："畜生养的，太不像话了。"仆人十分狼狈地走了。

过了一会儿，刘宽派人去看仆人，怕他自杀，并对左右的人说："他也是人啊，骂他'畜生养的'，太侮辱人了，我怕他受不了寻短见。"

刘宽素来脾气很好，对家里人和侍女也从不发脾气。他夫人故意想惹他发一次脾气，就在他穿好朝服，准备上朝的时候，叫侍女捧一碗鸡汤给他喝，端到他面前时故意失手，把鸡汤倒翻在他的朝服上，泼得他朝服尽是肉汤和油污。侍女赶快揩擦后，低头站在一旁，准备挨骂。只见刘宽不但不生气，反而关切地问："你的手烫着了吗？"侍女很受感动，他夫人也更敬佩丈夫的涵养。

刘宽温和的性情，宽宏的气度一直受到人们的尊敬。

10．"瘦羊博士"甄宇

东汉年间，有个叫甄宇的人，他祖居安丘县，在京城洛阳的太学里担任教学博士。

甄宇为人憨厚，谦恭礼让，受到人们的称赞和尊敬。

一年的年底，皇帝派人来到太学，向大家宣读皇上的诏书。诏书的内容是说："你们大家都很辛苦，现在赐给博士们每人一只羊，带回家去，欢欢乐乐的渡过一个年节吧！接着，赶来了一群羊。

博士们见到羊，个个都非常高兴。可是，羊只大小不等，肥瘦也不一样。这下可使太学的长官犯愁了，用什么办法来分发这些羊呢？想来想去，也不知如何是好。于是，他把博士们都召集起来，让大家一起商量。

博士们看到这种情形，便纷纷想办法，出主意。有人主张把羊统统杀掉，把肉平均搭配每人一份。有人主张用投钩的办法，即抓阄的方法，把大小肥瘦的羊编上号，就凭个人运气来撞。大家七嘴八舌，嚷嚷了半天，也没有人拿出一个好办法。

这时，站在一边没吱声的甄宇忽然向大家说："大家不必争吵了，我看还是大家各牵走一头吧，我先牵一头去。"说着，他走向了羊群。

听他这么一说,大家都一齐用好奇而又怀疑的目光注视着甄宇。只见甄宇走到羊群中,挑了一只最小又最瘦的羊牵了出来。人们看到这种情形,谁也不再争执了,纷纷你谦我让,争着挑小的、瘦的,各自牵上一只羊,高高兴兴地回家了。

这件事很快传开了,大家纷纷赞扬甄宇,还给他取了个带有善意的别号,叫他"瘦羊博士"。

11. 悬鱼太守羊续

羊续,东汉末年,他在光武帝老家南阳郡任太守。

南阳这个地方比较富裕,俗称是鱼米之乡。由此,社会风气比较奢华,郡县官吏衙役间彼此请客送礼、拉关系和托请办事之风盛行。羊续素来为人正直,清正廉洁,对此十分厌恶。到任后,他决心扭转这种风气。

就在他到任不久,一位郡丞提了一条又大又鲜的鲤鱼,兴冲冲地去看望他。

羊续见他提着一条大鱼来见他,不解地问:

"你这是什么意思,莫非是来给本官送礼?"

郡丞解释说:

"这不是送礼。只因南阳白河鲤鱼出名,这是我自己在空暇时从河里捞到的,出于同僚之情,请您尝尝鲜,增加点对南阳的感情。"

羊续听了他的话,深知其话中有话,不动声色地表示说:

"同僚的友好情意我心领了,但这鱼是不能收的。"

郡丞三番五次地争辩,无论如何也要羊续收下。末了还说:

"若是太守不肯收下,就是不愿与我等共事了。"

羊续无奈，只得答应把鱼留下了。

郡丞在回家的路上觉得很得意，心想，都说羊续铁面无私，不收受别人的礼物，今天不也收下了吗？哪知，待郡丞走后，羊续马上叫家人用一条麻绳把鱼拴好，悬挂在自家的房檐下。

过了几天，这位郡丞又来了。这次又带了一条比上次那条更大、更鲜的鲤鱼。羊续见了，很不高兴，沉着脸很严肃地对郡丞说：

"在南阳，除了太守，就属你的职位高了。你怎么带头给我送礼呢？"

郡丞仍以上次的经验，不以为然地摇了摇头，接着还想再说点什么。

这时，羊续叫人从房檐下取回上次那条鱼，送给郡丞说：

"这是你上次送来的那条鱼，现在有两个办法：一是请你把这两条鱼一块儿拿回去；再一个办法，如果你坚持不拿回去，我就只好把两条鱼都挂在我的房檐下，并告诉大家说这是你给我送礼来了。"

郡丞听了这番话，脸一下子全红了，只好带着两条鱼，悻悻地离去了。

这事传出后，南阳再也没人敢给太守送礼了。百姓们都非常高兴，称赞这位新来的太守真是廉洁。大家还风趣地给羊续取了个雅号，称他是"悬鱼太守"。

12. 杨震拒金

杨震，字伯起，东汉弘农华阴人。他少年时代聪颖好学，博览群书，被当时的读书人称为是"关西的孔夫子"。

杨震多年客居于湖县，一边读书一边教馆。州郡的官员久闻他的德才，曾多次召聘他出来做官，都被他谢绝了。直到 50 岁那年，杨震才开始在州郡做官。大将军邓骘听说他贤明，特地举荐了他，使他通过秀才科目的选拔，先后四次提升官职。当过荆州刺史、东莱太守。

杨震官居荆州时，发现王密才华出众，便向朝廷举荐他当了昌邑县令。后来扬震升任东莱太守，赴任途中路过昌邑。王密听说立即亲赴郊外迎接恩师，安顿食宿，照应得无微不至。

晚上，王密独自前往杨震下榻的寓所。王密见室中无人，从怀中取出十斤黄金对杨震说："承蒙恩师举荐，学生才有今日，今天特备小礼，以报恩师栽培之恩！"

"不可，不可！"杨震见状，连连摆手拒绝。并说："我推荐你，是看中了你的才华，并无半点私情。"

"我只是想报答大人的恩情，别无它意。"王密满脸堆笑，坚持地说。

杨震有些不高兴。他说："我推荐你，是因为我了解你，而你为什么不了解我的为人呢？"

王密虽遭拒绝，但仍然力争地说："现在夜深人静，这事无人知道，请您放心收下吧。"

杨震听罢，脸色顿时沉了下来，声色俱厉地说：你送金与我，人怎么会不知道？即使没人知道，也有天知地知、你知我知！认为无人知道，就宽容自己，这是很要不得的。"几句话说得王密羞愧满面，只好把黄金收了起来。

杨震后来一再升职，但他始终保持了洁身自好、廉正无私的品格。

13. 豁达大度的蒋琬

蒋琬，字公琰，零陵湘乡（今湖南）人。他是蜀国诸葛亮的继承者。诸葛亮在世时，就对他十分器重，常常对人说："公琰为人忠诚正直，应当是和我共同辅佐帝王大业的人。"并曾秘密给后主刘禅上了一道奏章，说："如果我去世了，以后的军国大事可以托付给蒋琬。"

诸葛亮去世，蜀国上下一片悲哀。蒋琬却居群僚之上，面对人心惶惶的危难局面，镇静自若，从而安定了人心，也赢得了同僚们的信任和敬重。

蒋琬还素有自知之明和知人之明，他在与同僚和部属相处中，不计个人恩怨，从不以别人对自己的态度来断是非。

担任东曹掾长官的杨戏，为人性格直憨而轻慢。蒋琬和他说话，他常是不应不答。有人想借此在蒋琬面前陷害杨戏，就对蒋琬说："你与杨戏说话，他却不作回答，这样侮慢上司，不也太过分了吗？"然而蒋琬却说："人的内心有不同，就如各人的面孔不同是一样。表面服从，背后又说反对的话，这倒是古人就告诫要警惕的。杨戏要是赞同我的意见，而装出一副乐哈哈的面孔，那就违背了他的本意；要是反对我的意见，那可能是他看到了我的某些缺点，所以只好默然不语。这正是杨戏耿直的地方啊！"

另外，还有个名叫杨敏的督农曾经在蒋琬背后说他的坏话，说："蒋某人做事糊涂，实在不如前人。"有人把杨敏的话告诉了蒋琬，主管这方面事的官吏决定要对杨敏追究处理。蒋琬得知后却表示反对。他说："我本身就不如前人，没有什么可追究的。"主管官吏说："就算是不去追究，那也该责问他所指的是哪些糊涂表现。"蒋琬说："如果去追究哪些地方不如前人，这本身就做了不合情理的事。做事不合情理，也就是糊涂了，还何必再去追问呢？"

后来，杨敏因犯罪而被拘囚在狱中，众人担心为此杨敏一定会被处死。而蒋琬却毫无个人的亲疏恩怨，杨敏终得免于重罪。

通过这些事，同僚、部属都十分敬重他，称赞蒋琬豁达大度，不计私怨。因此，他的威望也越来越高。

14. 诸葛亮请求降职

三国时，蜀军中有个参军叫马谡，喜欢自吹自擂。刘备在临终前曾对丞相诸葛亮说："马谡言过其实，不可大用。"

可是，诸葛亮对此并没有引起足够的重视。他还认为马谡不仅擅长辞令，而且还很有才气，常与他海阔天空地彻夜长谈。

建兴六年春，诸葛亮挥师北伐曹魏，向祁山进军。蜀军军容整齐，赏罚严肃且号令分明。天水、南安、定安三个郡县相继叛魏，响应蜀军，使关中引起巨大震动。

为此，魏明帝曹叡坐镇长安，派部将张郃率五千人马救天水、抗蜀军，并派曹植驻扎郿城，随时准备会师。诸葛亮闻讯后，料定张郃必定要抢夺街亭这个交通要道。于是，诸葛亮问：

"谁敢领兵去守街亭？"

"末将愿往！"马谡盛气凌人，当下即立了军令状。

诸葛亮命他为先锋，拨二万五千精兵归他统帅，又派了王平作为他的辅佐，共守街亭。临行前，诸葛亮一再嘱咐马谡，要他提高警惕。同时还建议：最好多架些栅栏，多设置些障碍，只要牢牢地守住就行了。

到了街亭，马谡没有把诸葛亮的话放在心上。王平主张在马路总口下寨，马谡却自以为是，不听王平劝阻，执意要把蜀军分兵两路，在山上安营扎寨。结果，魏军来到马谡守军的山下，切断水源，阻绝所有下山的道路，接着又命弓箭手向山上放箭，蜀军无法冲下山来，都惊慌起来，纷纷丢掉武器，四下逃窜，致使街亭失守。刚刚夺取的天水、南安、定安三郡全部丢失，重归曹魏，诸葛亮北伐，第一次进攻祁山宣告失败。

回到汉中，诸葛亮见到逃回的马谡，心中后悔不已，连声叹道："都怪我固执己见，当初不听先主的劝告，才至于此，这完全是我的罪过啊！"

于是，他立即传令，将违反军令，严重失职的马谡斩首。接着，又向后主刘禅上书道："丢失街亭，虽然马谡有责任，但实属卑职用人不当造成的。为此，臣请求给自己贬职三级。"

15. 曹操割发自刑

曹操，字孟德，安徽亳县人，三国时杰出的政治家、军事家和诗人。

年轻时，曹操练就了一身好武艺，而且精通兵法，一心想建功立业，轰轰烈烈地干番事业。

有一次，曹操领兵出征，要经过一片麦田。当时正是麦子扬花抽穗的季节，他想，浩浩荡荡的大军，如果不加约束，穿过麦田时肯定会把大片的麦子损坏。于是，他号令三军："士兵不得损坏麦子，违犯命令的处死。"

命令一下，将士们个个小心翼翼。骑兵都下了马，用手扶起麦苗帮助马匹通过。突然，一群在麦田中觅食的小鸟从麦田中飞起，惊吓了曹操的枣红马。受惊的马一下子跃入麦田中，将麦田中一大片麦子践踏了。曹操心里感到很惭愧，立即对主簿官说："请你按军法给我治罪吧！"

主簿官感到很为难。心想，你曹操是一军之长，杀了你，谁来带领军队呢？于是他根据《春秋》上记载的"刑不上大夫"的道理回答说："对于高贵的人是不能施用刑罚的。"曹操见他为难的样子，就主动说："制定法令的人自己都犯法，怎么能够统帅好军队呢？然而我是军队主帅，不能自杀，那就请让我自己处罚自己吧！"说着，曹操拔出宝剑，割下自己头上的一把头发放在地上。

在场的将士们，见了曹操的这一举动，个个都张口咋舌地称赞了一番。

原来，在古时人们认为自己的身体发肤是父母所赐予的，毁伤了它，就是不孝。割下人的头发，在当时还算是一种不轻的刑罚，称作为髡（kún 坤）刑。曹操以割发自刑，并不完全是做给旁人看的狡诈行为，主要是反映了他能以身作则的大将风度，这在政治腐败的东汉末年还是难能可贵的，所以也就被后人传为佳话。

16. 宽宏雅量的周瑜

周瑜，字公瑾，三国时庐江舒人，东吴的最高级将领。他年轻有为，才华出众，而且度量宽宏，情趣高尚。

周瑜部下的一名老将程普，原来是孙权父辈的老将。程普以自己年纪长、资历深，不甘心屈居周瑜之下，在周瑜面前，常以"老资格"自居，所以屡次凌辱周瑜，使其难堪。然而，周瑜总是顾全大局，以国家利益为重，屈己谦让，从不与程普计较。

时间久了，程普终于被周瑜的宽容雅量所感动，非常敬佩周瑜，并亲近推重他。他还对人说："与周公瑾交朋友，就像饮美酒，不知不觉中已沉醉了。"

魏国曹操听说周瑜年轻且有才华，想通过游说使周归附于自己。

曹操派出蒋干充当说客前往东吴。蒋干仪表不凡，以能言善辩著称，在江淮一带可算是首屈一指，没有人能比得过他。蒋干身穿布衣，头戴葛巾，凭着他与周瑜的同乡关系，推说是私下会友来拜见周瑜。

周瑜对于蒋干的求见意图，心中十分明白，然而他仍以礼相待，亲自出营迎接。当周瑜见到蒋干时既热情又坦率地说："你太辛苦了，这次你远涉江湖而来，是替曹操做说客的吧?!"蒋干心中一惊，但嘴上仍然说："我与你是同乡，中间分别多年，早已听说你的美名和功业，所以特来叙叙阔别之情，并来看看你风雅志趣。你却说我是说客，恐怕是神经过敏了吧!"周瑜仍然没有生气，而是笑了笑说："我虽然不是有名的乐师，但我听到琴声还是能辨出别人弹的是什么曲子的。"

周瑜始终不以蒋干来游说而失礼，而且为他安排了酒宴，给予热情接待。宴毕，周瑜打发蒋干说："正巧我有点机密事情要办，请你暂到馆舍中住几天，事完之后，我再来请你。"

过了三天，周瑜处理完军务，邀蒋干观看营寨及仓库中的军用器物。回到营中宴饮时，周瑜又吩咐侍从将他的各种服饰和珍奇玩物给蒋干看。趁此他对蒋干说："大丈夫活在世上，遇到知己的明主，就应亲如骨肉，言听计从，同舟共济，岂能朝秦暮楚，为别人的势力所诱惑呢! 我的志向已定，就是以前的苏秦、张仪、郦食其这样的游说之士来说服我，我也会拍着他们的背脊骨，让他们扫兴而归。又怎么能让你这样的年轻书生说动心呢?"一番话，说的蒋干只有强装欢笑，无言以对。

这位独步江淮的善辩之士，面对眼前言辞巧利，举止洒脱、气度恢弘的周瑜，自认是一筹莫展。回到曹营，一再称赞周瑜度量宽宏，情趣高尚，不是任何言辞所能挑动得了的。

17. 吕岱闻过则喜

吕岱是三国时吴国的大臣，他为官不骄，虚怀若谷，不管是谁，只要能指出他的过错，他都能虚心地接受。

有个名叫徐源的平民之士，经常指出吕岱的过失，吕岱非常感激他，并跟他交上了朋友。徐源家里生活十分贫寒，吕岱不时拿出钱来资助他。两人间，由于经常交往，吕岱发现徐源不仅为人坦荡，诚实正直，而且很有才华，于是便推荐他做了官。

在吕岱的举荐下，徐源当上了侍御史。徐源做官以后，每当他发现吕岱的缺点，仍然跟从前一样直言不讳地当面批评。吕岱也照例每次都很虚心听取他的意见。对此，朝中不少官员大惑不解，大家都议论纷纷。

有的说："这徐源也真不知好歹，吕大人推荐他做了官，他非但不报知遇之恩，反而恩将仇报，偏偏跟吕大人过不去！"

也有的说："人家吕大人是大人不计小人过，宰相肚里能撑船，才不计较这些呢！"

吕岱听了这些议论，心里并不在意。他对众人说："徐源能当面指责我的错误，是为了我好啊！"这正是他在报答我的知遇之恩。我之所以敬重他，其原因就在于此。"

徐源死后，吕岱十分痛心，他哭着一遍遍说道："您是我的良师益友，如今离我而去，日后谁来批评我的过错呢？……"

吕岱这种虚怀若谷、闻过则喜的品格，赢得了人们的称赞。

18. 正直清廉的父与子

　　胡质，三国时魏国的一位太守，他为人正直，执政清廉，虽先后任过县令和太守，但其家人一直过着很清贫的生活。

　　一年，胡质升任荆州刺史，他的儿子胡威从京都来看望他。由于家境清贫，没有车马仆僮，胡威只得独自赶着毛驴前来探望父亲。父子在荆州相聚了十余天后，儿子胡威要返回京都了。临别时，胡质拿出一匹细绢，送给儿子以作为归途中的盘缠。

　　胡威见到这匹细绢，竟然大吃一惊，忙向父亲跪下，不解地问道：

　　"父亲大人，您一向廉洁清白，不知是从哪儿得到这匹细绢?"

　　胡质深知儿子的心意，高兴而又坦然地笑着对儿子说：

　　"孩子有所不知，这不是赃物贿品，而是我从薪俸中节省下来的，所以用来给你做路上的盘缠。"

　　胡威听父亲这么一说，才伸手接过细绢，告辞了父亲。

　　胡威独个儿赶着毛驴踏上了归途。一路上，他每到客栈，都是自己放驴、劈柴煮饭，从不雇用别人。三天后，一位自称去往京都的人，提出与胡威同行。此人谈笑风生，为人慷慨大方，自和胡威同行之后，百般殷勤地照料着胡威。他不仅处处帮着胡威筹划出主意，有时还请胡威吃喝。这样一连几天，胡威心中暗暗地纳闷了。心想，此人看来心眼并不坏，但他与我素不相识，为什么对我一见如故，又如此百般殷勤呢? 胡威对他的行为产生了怀疑。

　　原来，此人是胡威父亲胡质属下的一个都督，早就有意想巴结讨好胡质，但听说胡质为人正派清廉，最不喜欢溜须拍马的人，所以一直没找到合适的理由和时机。这次，他听说胡质的儿子要独自回京都，自认为是个大献殷勤的好机会，于是他探听得胡威起程的

92

日子，就提前以请假回家为理由，提前作好了准备，暗中带着衣食之物，在百里外的地方等着胡威，以便同他结伴而行。所以，他会同到胡威后，才有这一番表现。

胡威在多次与那人悄悄地谈心中，终于得知了真情。于是，胡威立即从自己的行包中取出了父亲送给他的那匹细绢，递给这位都督，以此偿还他一路花销的费用和情意。这位都督拒绝不收。胡威说：

"我父亲的为人，你应该是知道的。他执政廉洁，为人清白，从不接受别人馈赠，我做儿子的如果仗着他的权势占别人的便宜，就等于在这匹白绢上面泼上了污水，岂不大错特错了吗？"

那都督看到胡威态度如此坚决，心想，真是有其父，必有其子。只好十分尴尬地拿着那匹白绢和胡威道别了。

19. 贫不改志的谢弘微

谢弘微，东晋时孝武帝女婿谢混的侄儿。他一生中不移志、不贪财，而受到人们的称赞。

东晋末年，谢混因参与反对刘裕的活动，而被迫自杀。为此，孝武帝命令其女儿晋陵公主回宫中居住，并让其女儿与谢家断绝婚姻关系。公主在离开谢家时，决定将全部家产委托给谢混的侄儿谢弘微管理。

谢弘微一下子接受了一项万贯家财，光是家中的奴仆就有几百人。对此，人们议论纷纷，都说谢弘微从此交了财运，有了这笔财产，几辈子也够吃够用了。

谢弘微却没这么想。在他接管了这笔财产后，并没有据为己有。他精心地管理着这笔家产，自己在生活上仍然如同以往一样节俭。平日里，从不乱花人家一个钱，即使花了一个钱、一尺布，也都一一记在账上。

　　后来，刘裕当了皇帝，晋陵公主降为东乡君，只得离开皇宫，重新回到谢家。这时，谢弘微捧出几年多的账目，一一请姊姊清点过目。姊姊看到家里管理得井井有条，账目又一清二楚，感动得泪流满面。她提出要把一部分财产分给侄儿，但谢弘微坚持分文不收，姊姊从心底里感叹他真是个不移志、不贪财的好侄儿。

　　不久，姊姊病逝。乡里人认为，谢混没有儿子，两个女儿都已出嫁，她们尽可以把能搬动的东西拿走，而如住宅、田园等多少应留一些给谢弘微了。哪知，谢弘微仍然不要任何财产，反用自己的钱安葬了姊姊。

　　谢混的大女婿殷睿是个有名的赌徒。他听说谢弘微不争财产，便将谢混家剩下的全部家产用去还了赌债。对此，谢混的两个女儿因受到谢弘微行为的影响，并未计较。然而，乡里的一些正直的人对此有些气不公，有的还故意讽刺谢弘微说：

　　"你倒捞了个廉洁的好名声，可谢混家的财产全都扔进赌场了！你替别人管的什么家呀？"

　　谢弘微听了并不介意，只是解释说：

　　"以前人家托我管家，我管住了，以后这个家是她们姐妹的嘛。她们都不介意，我怎么能唆使她俩互相去争呢？再说，在亲戚之间争夺财产，是最无聊，最不道德的事。金银财产固然重要，但人的志向、品德更重要啊！"

　　谢弘微就是这样用自己的言和行表现出了他视"金钱如粪土，仁义值千金"的高贵品格。

20. 周处改过

　　周处，字子隐，宜兴阳羡（今江苏宜兴以南）人。

周处少年丧父，不满20岁时，其体力就超过常人，喜好跑马打猎，不拘小节，随心所欲，而且放荡不羁（jī 机）。所以乡里人都十分厌恶他，把他看成是一大祸患。

当时，阳羡一带连年遭水灾，据说是因为河里有一条蛟龙在那里兴风作浪，致使水患不断；在阳羡南山上又有一只白额猛虎，经常下山为害人和牲畜。

这样，乡里人就把河里的水患、山上的虎患和人间的周处称作当地的三大祸患。大家编成一首民间的歌谣："河里有水患，山上有虎患，周处在人间，凑成三大患，三患不消除，百姓咋安然。"

周处知道了人们对他这种怨恨和讨厌以后，立下了发愤改过的决心。但是，他又怕得不到人们的理解和信任，于是去向乡里的尊长请教。尊长便对他说："乡里的人们把你和南山上的猛虎、长桥下的蛟龙称为三害，你如果能除去这三害，那就是为大家做了件大好事，到时人们怎么能不信任你呢？"

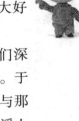

周处听了尊长的话，觉得很有道理。他想，既然自己被人们深恶痛绝，自己就应当以实际行动为民除害，以取得人们的信任。于是，周处带上刀箭进山去把猛虎射死了。接着，他又投入水中与那蛟龙搏斗。周处和蛟龙搏斗在一起，一会儿沉下去，一会儿又浮上来，一起一伏地在水里游了几十里，经过三天三夜，周处终于把蛟龙杀死了。可是，人们不见周处返回，以为他也死了，大家非常高兴地互相庆贺。有人还说，三害皆除，大家可以安居乐业了。

周处回到家乡，听说乡里人不仅欢庆猛虎、蛟龙被除，同时也欢庆他一同死去了。才知道自己过去的作为，使乡里人憎恨到多么严重的程度。于是，周处带着无限愧疚的心情，到吴兴郡去找当时很有名望的陆机、陆云二人指教。

周处把自己如何斩杀虎蛟的经过及人们欢庆的情况原原本本地告诉了陆云。尔后，他十分痛切地说："阳羡的三害我已除去了两害，可乡里人还在庆幸我的死去，心里很是难过。"接着又说："我一心想改正以前的错误，可白白耽误了这么多年，恐怕已经来不及了。"

陆云说："乡里人憎恨的是你过去的行为。现在你虽然把猛虎、蛟龙这两害除掉了，但人们还希望你把过去的错误也彻底除掉啊！三害全除，这才是皆大欢喜呢！"

陆云见周处有所领悟，但脸上仍有难色，就又热情地鼓励他："古人重视朝闻夕死，（哪怕是早晨明白了道理，就是晚上死去也甘心。）'知过之谓智，改过之谓勇'，你既然有斩蛟杀虎的勇气，又何愁对自己的错误不能改过自新呢？"

周处回到家乡以后，发愤上进，好学不倦，讲究节操，举止言行部做到忠信克己。一年后，他终于赢得了人们的信任。州府也见他是个有志有勇的人物而争着聘用他。

周处受聘后，先后在东吴时任东观左丞。在晋朝时任过新平太守、广汉太守、楚内史、御史中丞等职。后来还驰骋沙场，成为了英勇善战的将领。

周处勇于正视自己的错误，并能从善如流，真诚改过，终于成为新人的精神为后人传为佳话。

21. 吴隐之饮泉自誓

吴隐之，字处默，东晋时鄄城人。隆安年间，吴隐之被任命为广州刺史、龙骧将军、假节，兼平越中郎将。

当时的广州地区已开发得比较快，又是个群山接连大海，奇珍异宝出产丰富的地方。据说一小箱子的珍宝就可以供几代人的花费。虽然那里常有瘴气传染病，使人们对此很恐惧。然而，任广州刺史又是个引人注目的肥缺。头几年，先后的几位刺史大都贪污受贿，到卸任时都满载而归。

东晋朝廷想要革除广州的这些政弊。决定任命吴隐之任刺史。

吴隐之赴任途中，一天到了广州城北的石门。当地有条北流叫做"贪泉"。据说，这贪泉的水是喝不得的，只要一沾嘴唇，就会在心里萌生无底的贪欲。有的还说，前某任刺史，多年廉洁自爱，只因误喝了"贪泉"水，结果犯了贪污罪。

对这些议论，吴隐之不置评论。他带着妻子和随从来到泉边，径直俯身从泉中舀了一杯水，当众一饮而尽，并赋诗一首："古人云此泉，一饮怀千金，试使夷齐饮，终当不易心。"意思是说，古人称这水叫贪泉，喝一口会有想得千金的欲望，然而，如让伯夷叔齐来喝了，他们的节操是始终不会变的。

果然，吴隐之说到办到。到任后，对自己及家属督责更严。他的生活很简朴，只有青菜或干鱼下饭，同时经常教育他的亲属和部下，不能铺张浪费，更不能占用公家一点便宜。他除了维持简单生活而外，一切收入都缴给公库，对政务则是不辞辛苦，昼夜操劳，严明法纪。

吴隐之为官几年，广州地区繁荣昌盛，民众康乐。百姓们称他是一心为国为民的"清官"。他卸任北归时，除了带来的简易行装外，几乎没有什么添置。

他的妻子买了一斤沉香，打算回去后换点钱贴补生活，被吴隐之发现了，他问明情况，将沉香投入江中。

吴隐之严格要求自己的事迹在民间广为传扬。

22. 宽宏大度的宇遄

东晋末年，原本住在敦煌的宇遄一家，因家境不好，流落到了汉川居住。

汉川刺史的助手姜显，借着自己的权势，不时凌辱欺压孛邈。孛邈一直默默地忍受着。

十五年后，即晋安帝义熙九年，孛邈被朝廷任命为梁州刺史，镇守汉川。

消息传来，原来欺压过孛邈的人无不惊恐。姜显更是终日坐卧不安。

人们对姜显说："你该倒霉了。过去你欺压人家，人家今日报复你，这可是罪有应得啊！"

姜显也对自己家人说："完了，我们家这下可要倒霉啦！"

孛邈上任的那天，姜显赤着上身，叫人捆了自己，跪在路旁迎候孛邈。孛邈见到他，大吃一惊，连说："唉，不要这样！不要这样！"

接着，孛邈走下轿子，亲手为姜显解开了绳子，安慰姜显说："过去的事已经过去了，今后谁也不要放在心上了。"

说罢，又叫家里的人取来衣服，走上前说："来来，快穿上衣服。"

姜显见孛邈对过去的事一点也不记恨，而且这样坦然、诚恳，感动得流下了眼泪。

有人问孛邈道："过去，姜显那样欺负你，你非但提都不提，而且这般待他？"

孛邈思考了一下，说："我过去借住在这里，失意了多年，若报复姜显，那会有许多人都感到害怕。只要他们知道过去不对就行了，何必还要意气用事呢？"

人们听了他的话，都称赞孛邈胸怀宽，度量大。

23. 娄师德荐才

娄师德是唐朝武则天称帝时的宰相。

一次，武则天单独召见娄师德，和他谈论政事。谈话中，武则天问娄师德有没有可以担任辅政大政的人才。娄师德听后，未多考虑，极力推荐了狄仁杰。事后，武则天果然采纳了娄师德的意见，将狄仁杰从外地召回京城，和娄师德一起同任宰相。

狄仁杰任宰相后，并不知道正是由于娄师德的举荐。相反，他在心中倒是总记着过去和娄师德的一些不愉快的过节。而且，因不久前他曾遭受到一些政治迫害，心里总怀疑是娄师德在里边起了不好的作用。因此，常常当着武则天的面讲娄师德的不好。

时间长了，引起了武则天的注意。

一天，武则天在便殿和狄仁杰闲谈。闲谈中，武则天有意问狄仁杰："娄师德的品德好不好？"

狄仁杰话中带刺地说道："他带兵守边时，有过战功，至于他的品德好是不好，我不很清楚。"

武则天接着又问："他能发现和举荐出色的人才吗？"

狄仁杰却说："我和他在一起，没有这方面的感受，也不曾听说过。"

听到这，武则天哈哈大笑，对狄仁杰说："你还不知吧，你能当上宰相，正是由于他的举荐呀！"接着又说："依我看，没有比娄师德做得更好的了。"随即找出了娄师德的荐表，让狄仁杰过目。

事情出乎狄仁杰的意料之外，他感到十分惭愧，感叹地说："娄师德的度量这么广阔，我的全身都给包涵进去了，却还一点不知道人家，可见，我比他差远了！"

从此，狄仁杰主动接近娄师德，很快两人的关系密切起来，共同辅佐武则天管理国务。

不久，北方的契丹国出兵犯境，攻陷了一些州郡，敌兵烧杀抢掠，百姓纷纷逃难。这时狄仁杰和娄师德一同率兵出征，抵御敌兵。他俩互相配合，分路出击，杀退了敌军，收复了失去的州郡，使边境居民重新过上了安居乐业的生活。

24. 郭子仪李光弼不计私怨

唐朝时，朔方节度使安思顺属下，有两位杰出的部将，一个叫郭子仪，一个叫李光弼，他们两人之间有些矛盾。路上相遇，总是互相回避，就是在一起时，也互不说话，各自都把个人的私怨深深埋在心里。

唐天宝十四年冬，范阳节度使安禄山举兵叛乱。为了平息叛乱，唐朝政府提拔郭子仪继任朔方节度使，统兵御敌。这样一来，李光弼就成了郭子仪的部将。郭子仪想到平时两人的关系，心里很不安。这时唐朝皇帝又传来旨意，命令郭子仪即日率部出征。此时的李光弼也对自己的处境非常担心。他怕郭子仪会寻机报复，便硬着头皮主动向郭子仪认错，说："过去我不好，得罪了您，今后不管怎样处理我，我都不抱怨，只希望不要报复到我的老婆孩子身上。"没等李光弼说完，郭子仪赶忙离开座位，跑了过去，紧紧抱住了李光弼，满眼含泪地说："李将军，现在是什么时候，国家危急，百姓遭难，正需要我们一起去效力，特别需要你这样的人才，难道我们还能像过去那样鼠肚鸡肠，计较个人恩怨吗?"说完，把李光弼扶到座位上，边为他斟茶边说过去都是自己不好，并表示今后一定要不计个人恩怨，主动搞好团结，彼此互相帮助。

看到郭子仪如此心怀坦荡，不计个人私怨，李光弼心里非常感动，当下就和郭子仪对拜了几拜，然后带兵请战。从此，他们二人，将帅协同，在平息叛乱中，各自都立下了卓越的战功。

25．李义琰拒建相府

李义琰，唐代唐高宗在位时的宰相。他身居高位，平素生活都过的十分节俭，穿的是一般布衣，吃的是粗茶淡饭，住的房子也是又旧又简陋，连一般官员的住房都不如。

他的弟弟李义琎见他一朝宰相，日子却过的如此寒酸，心中实在有些不忍，于是劝他重建一所新宅。可是不管怎么劝，他就是不同意。过了些日子，李义琎又去劝他，他还是不答应。

李义琎见哥哥如此固执，就决定自己来替哥哥操办此事，于是他拿出自己的钱，请人购置了一批建房材料，准备为他兴建一所新的宅院。

李义琰知道此事以后，连忙出来阻止，对弟弟说：

"我侥幸担任了宰相，已是感到十分惭愧，常常觉得自己不太称职。如若再兴建豪华的宅第，贪图舒适安逸，只会招来灾祸，到头来是适得其反。"

李义琎不以为然，说道：

"如今从朝中大臣到地方官员，哪家没有高楼大院？你身为堂堂宰相，却住着如此低矮狭窄之房，岂不是不合情理？"

李义琰听了，仍心平气和地说道：

"人生在世，生活不可能都尽人意，但为人的品格则应追求完美。我为一朝宰相，身为百官之首，倘若迷恋享受，贪图安逸，岂不丢掉了做人的美好品德吗？"

李义琎见哥哥如此坚决，又言之有理，劝其建房之事，也就只好作罢了。

101

26. 杜暹埋金

杜暹是唐朝时的监察御史。他不论是在地方做官，还是在朝中任职，都保持着廉洁正直，一身正气。

杜暹担任的监察御史，正是负责官员监察工作的。一次，新疆西北的安西地区，汉族官员与少数民族官员之间发生矛盾，于是朝廷派他前去调查。

杜暹日夜兼程，到达安西。他首先到少数民族官员那里了解情况。

少数民族的官员们，按他们的民族礼节，设宴隆重地款待杜暹。席间，他们拿出很多金子作为见面礼赠给杜暹说：

"大人不辞辛苦，远道而来，为我们主持公道，特备薄礼敬上，以表我们的心意。"

杜暹连忙站起身来，推辞说：

"不可！本官是受朝廷之命，前来看望各位，并希望你们和汉族官员能重修前好，和睦相处，共同效命于国家。"

少数民族的官员们一片诚心，杜暹仍然推辞再三，双方出现僵局。见此情景，随从人员悄悄走到杜暹面前说：

"大人您来到这样边远地区，又担负着调解矛盾的责任，可不要冷落了他们。"杜暹不得已只好暂时收下了这些赠金。

夜深了，当地的官员们都各自散去。这时，杜暹叫人悄悄地把这些金子埋在自己所住的帐幕下面。

公务完毕，杜暹离开当地。在返程途中，当走到半路时，杜暹已写了一份公文，派人送往少数民族的官员，告之那些金子埋在了帐幕下，请他们取出收回。

杜暹"埋金不受"这件事，给当地的少数民族和汉族官员留下了深刻的印象。后来，他们中的许多人还奏请朝廷，请求能派杜暹到安西那里去任职。

27. 唐太宗下"罪己诏"

唐太宗李世民是唐高祖李渊的次子。隋朝末年，李世民随父李渊起兵灭隋，建立唐王朝。李世民封为秦王，任尚书令。公元626年，李世民发动"玄武门之变"，杀死太子李建成、齐王李元吉，被立为太子。不久，唐高祖李渊让位，称太祖，李世民继皇位，称为唐太宗。

唐太宗不仅善于纳谏，精于用人，而且他能比较自觉地以国家法律约束自己，一旦发觉自己的做法违背了法律还能认真进行检讨。

一次，有个叫党仁弘的大将，做广州都督时，贪污了上百万的钱财。这件事被人告发后，主管司法的大理寺，将他依法判成死刑。可是唐太宗以往很器重党仁弘，认为他是个非常难得的人才，舍不得杀他。于是便下了一道圣旨，取消了大理寺的判决，改成撤销职务流放边疆的处分。处理之后，唐太宗心里很不安，感到自己出于个人感情，置国家法律于不顾，做得很不应该。于是他把大臣召到金殿上，心情沉痛地向大家检讨说："法律是皇帝按照上天的旨意批准制定的，皇帝应该带头执行，而不能因为私念，不守法律，失信于民。我因私念祖护党仁弘，赦免了他的死罪，实在是以私心乱国法啊！"

有些大臣正想宽慰唐太宗几句，但唐太宗说完以后却当场宣布，为了这件事，他将亲自到京城的南郊去，住草房，吃素食，向上天谢罪三日。

这一下，满朝的大臣都吃惊了，感到唐太宗为这点事，竟然要这样做，太过分了，于是便纷纷跪下劝阻。丞相房玄龄对唐太宗说："皇帝是一国之主，生杀大权是皇帝掌握的，陛下何必把这件事看得这样重，内疚自贬到这种程度呢？"

唐太宗并没有因为大家的劝说、宽慰而原谅自己。他自责地说："正因为皇帝是掌握生杀大权的，才更应该慎重认真，严格地按照国家法律办事呀。而我却没有听从大理寺依法判决的正确意见，反而不顾法律，一意孤行，这怎么能原谅自己呢？"

天快黑了，唐太宗见大家一直跪在地上阻拦，硬是不让他去郊外，便感慨万分地说："你们不要跪在地上了，快起来吧。我决定暂时不到郊外向上天谢罪了。但是，一定要下诏书，把自己的罪过公布于天下！"说着就毅然拿起笔来，写了一道"罪己诏"。唐太宗在"罪己诏"中检查说："我在处理党仁弘之事上，有三大过错，一是知人不明，错用了党仁弘，二是以私乱法，包庇了党仁弘；三是赏罚不明，处理得不公正。"唐太宗向大臣们宣读之后，立即下令，将他的"罪己诏"向全国的臣民公布。

28. 居功不傲、严于律己的马援

马援，字文渊，是东汉初期的名将。最初他依附于陇西的隗嚣，后归顺刘秀，参加攻灭隗嚣的战争。不久调任陇西太守，平息了羌人的入侵。南征北战，屡建战功，被授予"伏波将军"。

马援居功不傲，谦虚谨慎，传为佳话。

一次，马援打了胜仗，率军凯旋，将要进城，许多老朋友前来欢迎慰劳他。欢迎人群中，有一位素有谋略才能而名闻朝野的人，名叫孟冀。马援一见，心里感到很不是滋味，于是便对孟冀说：

"你是一个很富有谋略的名臣，我本期望听听您的金玉良言，指出我的努力方向，您怎么反而像普通人那样说起客套话来呢？从前的伏波将军路博德设置七个郡，才加封了几百户。现在我功劳微薄，却享受三千户赋税的领地，实在深感惭愧。这样功小赏大，我真担心用什么行动来报偿！您该用什么谋略来帮助我呢？"

孟冀摇了摇头，说："我还没考虑到呢。"

马援见此情景，接着说："如今匈奴、乌桓还在扰乱北方，我打算主动请求出征。困难当前，大丈夫应战死沙场，用马皮（马革裹尸）裹着尸体回来埋葬罢了，怎么能安然地在家里等着寿终正寝呢？"

马援以自己的行动实践了自己的诺言。已是 62 岁高龄的人，仍率兵征战在沙场，最后因病死于疆场。孟冀赞叹他时说："真是一心建功立业的男子汉。"

马援不仅严于律己，也严于告诫自己的亲属。

马援哥哥的两个儿子，常喜欢在别人背后议论人家的过失。他很生气，立即写信告诫他们。信中说："我希望你听到人家的过失，能像听到你们父母的名字那样严肃对待。耳朵可以去听，但嘴巴不可以去乱说。好议论别人的长短，拨弄是非，是最可恶的行为，我很讨厌它。我宁愿去死，也不愿听到子孙有这种可恶的行为。我之所以这样叮嘱你们，就像母亲叮嘱一个将要出嫁的闺女一样，目的是希望你们不要忘记我的告诫。"

后来，他的两个侄儿果然没有辜负他的告诫，改正了自己的缺点，成为了被人们称赞的好后生。

29. 不争功名的两刺史

湛僧智和夏侯夔是南北朝时梁国的两名刺史，湛僧智驻于谯州，夏侯夔驻于司州。由于他们不慕虚名，不争功利，彼此谦让，而受到梁国朝野人士的称颂。

有一次，湛僧智奉命出征，他率兵把北魏的军队包围在广陵城内。两军相持对垒，共历时九个多月，一直没决胜负。

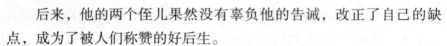

梁王见两军对峙旷日持久，指派夏侯夔率军前往广陵支援。夏侯夔率兵进驻广陵城外的第二天，北魏军将领元庆和派人前来求和，并表示愿意投降。

夏侯夔见此情况，心想：自己的军队才刚刚到，没有参加任何战斗，而湛僧智的军队在这里围城近十个多月，没有功劳也有苦劳，这次接受投降的使者应该是湛僧智。于是，他把湛僧智请来，十分诚恳地说：

"将军，此次魏军投降，请你出任使者，进城去接受北魏军的投降吧。"

湛僧智听了，和善地笑着说：

"我率兵在此攻城近十个月，元庆和就是不投降。你的大军一到，他就表示投降，这分明是怕你不怕我。假若我进城受降，一定会违背他的意愿，弄得不好反而会出现变故，所以还是请将军您前往为上策。"

夏侯夔坚持认为，自己进城受降是贪人之功，不劳而获，所以一再诚恳地请湛僧智去受降。而湛僧智以为夏侯夔对他的真诚有所误解，所以又十分真挚地解释说：

"我的军队大多是招募来的，缺乏严格的军纪训练，要是进城之后，有的人若以胜利者的姿态在城里胡作非为，掠杀百姓，岂不造成后患？将军一贯治军有方，军纪严明，只要你约法三章，士兵们是不会乱来的。我坚持要请将军前往受降，完全是从全局考虑的。"

夏侯夔觉得他的话诚挚坦然，很有道理。再一想，进城时间如拖久了，可能会夜长梦多，使魏军投降一事发生变故。于是，他立即率兵登城，拔掉了魏军的旗帜，换上了梁国的旗号。

梁军进城后，果然军纪严明，深受百姓拥戴，全城秩序安定，广陵城和平地归属于梁国。湛僧智与夏侯夔的关系更加密切，他们这种相互不争功的高尚美德也为世人所称颂。

30. 宽宏大度的吕蒙正

吕蒙正，字圣功，是宋朝时颇有重望的名臣，宋太宗和宋真宗两代君王都启用他为宰相。

吕蒙正为官时，主张内修政事、结好邻邦、弭兵省财，他还知人善任，敢于直言相谏，赢得了君臣们的钦佩和敬仰。

吕蒙正最初进入朝廷时，朝廷内一些人没有把他放在眼里。一天上朝时，一个在朝廷内任职多年的老臣，当着别人的面指着他说："这小子也能当参知政事吗？"吕蒙正装着没听着地走了过去。

此时，他身旁的许多同事都感到气愤和不平，要去查问那个官员的名字。吕蒙正急忙上前阻止说："不可，如果一旦知道了他的姓名，那么我就终身不能忘记了，还不如不知道的更好。"听他这么一说，周围的人都十分钦佩他的宏大气量。

吕蒙正对于当面羞辱他的人，如此宽宏大度，而对于谄媚讨好他的人，又能严肃婉转地辞谢。

朝中有位官员收藏着一面古镜，自称说这面镜子能照二百里，打算献给吕蒙正，以求和他建立私交。吕蒙正知道后，笑着说："我的脸不过菜碟那样大小，哪里用得上能照二百里的镜子呢？"此事传出后，人们都佩服他的为人。

31. 范仲淹度量如海

范仲淹，字希文，苏州吴县人，北宋时著名的政治家、文学家。

范仲淹自幼丧父，艰难的生活经历使他十分熟悉民生的疾苦，关心国家命运，敢于直言不讳地对朝政得失、民间利弊提出意见。

有一年，江淮和京师东京以东地区发生自然灾害，范仲淹上奏宋仁宗赵祯，要求派人前去巡视，安排救灾。朝廷不置可否。范仲淹竟冲着皇上宋仁宗说：

"陛下在宫中如若半天不吃不喝，会是什么滋味？眼前有那么多的地方遭灾缺粮，怎能置之不问、不加抚恤呢？"

不久，宋仁宗派了他去受灾的地区，主持救灾工作。

公元1035年，范仲淹调到京师任天章阁待制。即任后，他对朝政的意见就提的更多、更尖锐了。朝内操持实权的吕夷简派人暗示他，告之他说，待制是皇帝左右的侍臣，不是言臣，劝他不要再随便议论朝政。范仲淹却反问，回答说："评论朝政得失，正是侍臣分内之事，我敢不努力去做吗？"

吕夷简看无法说服他，就设下一计，任命他为京师东京开封的知府。一则想以繁重的公务来缠住他，使他没有时间去议论朝政；二是如若他一旦有过失，即可就地罢免他。

然而，由于范仲淹精明强干，料事如神，竟把一个开封府治理得井井有条。城内老百姓的民谣还说："朝廷无忧有范君，京师无事有希文"。同时，范仲淹照样讥切时政，还批评吕夷简使用人才不公道。为此，吕夷简很恼火，终于找了个借口，把他贬到外地当地方官去了。

三年后，范仲淹被恢复天章阁待制职务，担任对付西夏的军事重任。路过京师时，宋仁宗劝他同吕夷简破除前憾，重归于好。范仲淹未多加考虑，立即郑重地说：

"我从前议论的是国家大事，同吕夷简个人并无私人恩怨。"

后来，范、吕两人关系果然很好。

范仲淹在他晚年所写的《岳阳楼记》中，以千钧笔力，写下了他平生几起几落而始终坚定不渝的信念："先天下之忧而忧，后天下之乐而乐。"这两句话，不仅概括了范仲淹一生坚持进步理想，以天下为己任的高风亮节，而且道出了在中华民族历史上，一切不计个人富贵与贫贱、毁誉与欢乐，一心为国家民族事业而献身的志士仁人共同的高尚情操。

32．顾恺之设计烧债券

顾恺之是南北朝时宋国吴郡太守，由于他政治清简，风节严峻，故素为人们所敬重。

一天，他的一位朋友来看望他，说："我有一言，不知当讲不当讲？"

顾恺之笑了笑，说："有话请讲，不必顾虑。"

那位朋友犹豫了一会儿，说："是关于你公子的坏话。"

顾恺之严肃地说："那更应该讲。若隐瞒于我，那倒是害了我呀！"

那朋友见顾恺之并无反感，而且诚心诚意。就说："你的儿子顾绰，这些年来，不择手段地收积了许多钱财。而且，还在外放债，收取高利也不择手段。如不加管束，怕是会越演越烈啊！"

顾恺之听了，大吃一惊，连连向友人道谢说："谢谢你告知我此事，不然，我仍被蒙在鼓里，岂不害人害己啊！"

送走了友人，顾恺之叫来了儿子顾绰。

顾绰可能也有所预感，见了顾恺之，哆嗦着问："父亲唤我有何吩咐？"

顾恺之十分生气地问："听说，你有许多钱？"

顾绰只得点点头，答："是。"

"钱是怎么来的？"顾恺之接着问。

顾绰想了想，慢慢说："做生意赚了些钱，又将钱放债出去……"

顾恺之一跺脚，骂道："逆子！谁让你去谋财放债！你赶紧悬崖勒马。不然，我饶不了你!"

顾绰连忙答应说："是，是，我一定遵照父亲的话办。"

此后，顾绰虽表面上收敛了一些，但实际上仍在放债，只是做得更隐蔽了。

俗话说，要想人不知，除非己莫为。

顾绰年复一年，变本加厉，债放得越来越多，致使远近乡里许多人都欠了他的债。

顾绰在外放债的事，终于还是不断地传到顾恺之的耳朵里。顾恺之想了想。一天，他把身边的侍从叫来，叮嘱一番，设下了一计。

他坐在堂上，命侍从说："叫顾绰前来。"

顾绰听说父亲叫他，心想准没好事，不是教训，就是追查放债之事。

硬着头皮，顾绰来到父亲跟前，施礼后，问道："父亲唤儿有何吩咐?"

顾恺之和颜悦色，指指旁边的椅子，说："我儿坐下。"

顾绰见父亲这样待他，一颗悬着的心落地了。坐下后，等着父亲再问。

顾恺之望了望儿子，脸上装出为难的样子，说："听说我儿有些债券。眼下为父有急用钱财之处，不知我儿可否给我用一些?"

顾绰一听，心里立时高兴起来，忙对父亲说："父亲如要用钱，当然可以。"

顾恺之停了停，问："但不知我儿有多少债券?"

顾绰忙不迭地夸耀说："可不少呢!"

"很多?"顾恺之故作惊讶地再问。

"可不是吗!"顾绰趾高气扬地肯定地说。

"为父可以看一看吗?"

"父亲不相信?"

"拿来我看,就信了。"

"好,您等我去取来。"

不一会儿,顾绰搬来一只箱子,放在大堂中央。

顾恺之不慌不忙地说:"打开。"

"是。"

顾绰打开锁,掀开箱盖,箱子里果然装满了债券。

顾恺之走到箱子跟前,说:"好,好,待为父看来。"

他仔细看了看,没有假。直起腰来,突然大声呼唤道:"侍从过来!"

几个侍从跑了过来。

顾绰还没明白父亲什么意思,那几个侍从抬起箱子就走。

"你们干什么?"顾绰着急地问。

顾恺之制止儿子说:"不要急,你稍等,就会知道他们干什么。"

侍从将一箱子债券抬到院子中,点起了一堆火,然后忽地一下,将全部债券投入火中。

顾绰一看,哭着冲上去,喊:"不能烧,不能烧!"但是,早已来不及了,呼啦啦的火苗,很快烧光了那些沾满了无数人家血泪的债券。

顾恺之哈哈大笑,说:"顾绰,不用哭。你已经陷得很深了,烧了这些债券,从此可以清清白白做人了。"

转过身来,顾恺之又对侍从说:"传言乡里,有借顾绰债的,一笔勾销,不用还了!"

远近乡里,那些借债的、没借债的,听到这个消息,无不赞扬顾恺之严于律己,严于教子,清廉公正的品格。

33. 刘温叟婉拒厚礼

刘温叟是宋朝的大臣，在朝中主管过吏部，任过御史中丞等职。

刘温叟廉洁正直，又有才干，先后得到宋太祖、宋太宗的器重和信任，朝野内外名气很高。不少人愿做他的门生，拜他为师，也有些势利之徒和贯于钻营的小人总想寻找机会接近他，和他拉关系。

一次，一个自称是刘温叟门生的人，突然给他家里送去一车粮草，作为进见礼。他想以此取得刘温叟的欢心，以便进一步投靠和求助于刘温叟。刘温叟见此人的这般举动，心中很不愉快，但他仍然以和蔼的态度百般解释、推辞。可是，尽管刘温叟推辞再三，这个人就是不肯把粮草拉走。没办法，刘温叟就吩咐家人拿出一套贵重的衣服回赠给这个送礼的人。这套衣服的价值是那车粮草价值的好几倍。那送礼的人一看这种情形，只好放下衣服，无可奈何地把那车粮草拉了回去。

太宗皇帝知道刘温叟一向清廉，在同僚之中相比，他并不富裕。于是，特意派人给他送去了五百千钱。其中涵义，既有奖赏之意，也有关怀之情。刘温叟见是皇上的赏赐，却于情面，只好收下。然后，他把这些钱原封不动地存放在厅西的一间屋子里，并当场把钱和门都封上了，送走了送钱的人。

第二年端午节时，宋太宗又派人给刘温叟送来一些粽子和扇子，以表示对他的器重和关怀。那派来的人恰好还是去年送钱的那个人。那人到刘温叟家中一看，去年送来的钱仍然放在那间屋子里，原封未动，事后，那人回去把所见情形如实地向宋太宗作了禀报。

宋太宗听说后，心中万分感慨，说："连我送去的钱都不用，何况别人的了。看来，过去他之所以收下了我的钱，只是不想拒绝我的情面啊！这钱整整过了一年还未启封，可见他的廉洁情操是多么的高尚。"

34. 善守清廉的元明善

元明善，字复初，元朝大名清河（今河北）人。元朝文学家，著有《清河集》，曾任湖广两省参知政事、翰林直学士、参与修撰《成宗实录》、《仁宗实录》等。

元明善才思敏捷，文辞清新，为人又清正廉洁，元仁宗非常器重他。

一次，元仁宗命一位蒙族大臣为正使，元明善为副使，组成一支有文有武、蒙汉多民族的外交使团，出使交趾国（今印度支那地区）。在交趾国外交公务办完后，交趾国国王派人给元朝使团送来一批金银、珠宝等礼物。看着这些厚礼，使团中的官员多有不同的想法和反应，大家都在看着正副使节的态度。

正使见后，非常高兴，连声说："多谢国王的厚意"，就把给自己的礼品收下了。随从人员见正使答应收下了，便各自纷纷地收起给自己的礼物。只有元明善表现得非常冷淡，心中很不高兴，只是正使已收下了，自己不便多说。

正使看到元明善这个样子，以关心的态度劝说道：

"给你的这份礼品，就让随从给你收起来吧！"

"不，不，大人！"元明善急忙摇头阻止说。

"为什么？阁下莫非嫌这份礼品轻了？"正使不解地问。

"不，不，请大人不要误会。家母在世时，一再教育下官不得收受馈赠，她老人家在弥留之际，还拉着我的手要我点头答应才肯瞑目。"

正使深知汉族人的礼教，又知元明善极重孝道，不便勉强，便冷冷地说了声："阁下不违母教？可敬，可敬！本官不再勉为其难了!"说完,一拱手回房去了。正使走后,元明善立即令其随从将给他的礼品交给馆舍人员,让转呈交趾国王。

交趾国派来送礼的人,把所见情形如实地向国王做了禀报。当谈到正使及随行人员的行为时,在坐君臣们不免心中暗笑,认为元朝官员品格不过如此。但当谈到元明善拒收礼品时,大家都非常震惊。国王觉得这是位神奇人物,一定要见识见识。于是亲自到馆舍特意拜访元明善。

国王看到元明善简朴的行装,暗暗钦佩,端王不语。元明善并不知国王来意,忙恭敬地说:

"国王政务繁忙,何必又来送行?"

国王笑了笑,说:

"我因有件事很不理解,特来求教。"

元明善起身说道:

"请国王明示。"

国王请元明善落座,温和地说:

"敝国为感谢使者们跋山涉水远道而来,特备薄礼相赠。贵国大臣及随从人等均已收下,独你作为副使为什么不收?"

元明善没想到国王特来询问此事,感到有些惊奇。心想,在国王面前,他既不能公开指责上司,说正使贪财受礼,有失国格,也不能再推说自己是遵照先母遗教。沉思片刻,他巧妙地解释说:

"谢谢国王的好意,大使是代表我们国家接受贵国的礼品,表示两国和睦友好,我个人如若再接受礼品,就有贪财之嫌,有损我国的国格了,为了尊重我国的礼节,所以我不能接受,请大王谅解。"

国王听了他这番不卑不亢,巧妙机智的回答,赞叹不已。站在一旁的正使听后也连忙应付道:

"是的,是的,我接受的这份礼品正是代表我们国家的。"

回国后,正使只得把国王送的那份礼品上交了。

35. 谦恭谨慎的徐达

徐达，字天德，我国明代著名的军事家。他足智多谋，治军有方，带兵时如同兄弟，常与士卒同甘苦，深得将士的敬仰。打仗时他"出奇无穷，料敌制胜"。而且，他带的军队军纪严明，所到之处，从不惊扰百姓，深受百姓的拥护。

徐达与朱元璋原本是患难弟兄，属贫贱之交。后又一直追随朱元璋南征北战，为朱元璋打天下屡建奇功，因此也深受朱元璋的信赖和倚重。但徐达在同僚之间，始终保持着谦恭谨慎、不居功自傲的本色。

在明王朝建立后的十几年里，徐达每年春天都受皇帝朱元璋之命出征，直到晚冬季节才被召回京城。回京之后，他都立即把将印上交给皇帝。年年如此，成为习惯。每次出征归来，朱元璋都让他休假并设宴和他一起畅饮，和他布衣兄弟相称。而徐达总是尊敬地称朱元璋为皇帝，从来都十分恭敬谨慎。

有一次，朱元璋非常郑重地对徐达说：

"徐兄功劳很大，至今还没有安适的居室，我愿意把我的旧官邸送给你。"

徐达坚决推辞不受，并谦恭地说：

"官邸是帝皇的御所，我作为一朝之臣，岂敢进居。"

一天，朱元璋把徐达领至他的旧官邸，有意让徐达喝醉了酒，然后让侍从把徐达抬到正室去睡，并给他蒙上了被子。徐达醒来时，发现自己睡在皇帝的御床上，赶快爬了起来，跑到房外的台阶下面，俯身跪在地上高声自称自己犯了死罪，说不该睡在皇帝床上。他以此表示自己心目中是"君臣有别"的，并非因为与皇帝是布衣之交而胆大妄为。

115

朱元璋看到徐达处处谦恭谨慎，内心非常高兴，吩咐有关官员在旧邸前为徐达建造一座府宅，并在他的宅前立坊题写了"大功"二字。后来，徐达病逝，朱元璋为之停止了临朝听政，为他发表哀悼。徐达虽为封建皇朝时的忠良，有其历史的局限性，但他谦恭谨慎的品格一直为后人传颂。

36. 戚继光整顿军纪

戚继光，字元敬，山东蓬莱人。出身于将门家庭。他自幼就受到优良的家风熏陶，童年时代即喜欢做军事游戏，并经常与父亲一起练习武艺，决心像父辈那样守边卫国。

明朝中期，日本的一些无业浪人和不法商人相勾结，经常乘船渡海，到我国沿海地区大肆烧杀抢掠，形成了严重的"倭患"。但是，当时明军军政腐败，缺乏训练，散漫不听指挥，军官贪生怕死，不敢与倭寇交锋，所以沿海人民倍受倭寇的骚扰之苦。

嘉靖三十二年，明朝廷决定调动得力将领到沿海地区加强防备，抗击"倭寇"入侵。年仅 26 岁的戚继光，被调到抗倭前线，负责整个山东地区抗倭斗争。

为了取得抗倭斗争的胜利，戚继光感到，首先必须训练出一支英勇善战、军纪严明的军队。但是，军队里的许多将士都散漫惯了，尽管戚继光三令五申要严守纪律，他们根本不放在心上，有的甚至故意怠慢，违犯军纪。戚继光非常生气，坚决按军法从事，狠狠惩办了几个严重违犯军纪的将士。这下子使许多人害怕起来，尽管他们心里还是不大服，但也不敢公开对抗了。然而就在这个时候，却出现了一桩使戚继光非常为难的事。

原来戚继光有个舅舅，也在戚继光属下当小官。他觉得自己是戚继光的长辈，别人害怕戚继光威严，他却满不在乎。有一次，甚至故意公开违犯军纪。这一来，上上下下都议论开了："这回倒要看看他对自己的舅舅怎样处置！"

这确实使戚继光面临一场严峻考验。舅舅虽然是自己的部下，却是自己的长辈，如果依法处理，就要伤舅舅的感情，若不一视同仁，秉公执法，又怎能使大家心服呢？他反复考虑，深深感到能否秉公处理，是关系到能否训练出一支纪律严明的军队，完成御倭重任的大事。想到这里，戚继光终于从国家和民族的大局出发，毅然按照军法，下令鞭打……

他舅舅万万没想到外甥竟然这么不讲情面，又生气又伤心。

晚上，戚继光把深感委屈的舅舅请来，恳切地说："按辈分说，我应该尊敬你，可是在军队里，你和我则是上下级关系，所以不可能不处罚你。军队要抗倭，不能没军纪，然而讲军纪就不能有私心。如果我从私情出发，袒护舅舅，那怎么能使别人心服？因此，得请你老人家从大局着想，谅解外甥。"

舅舅被戚继光这番坦率诚恳的话深深打动了，惭愧而激动地说："我违犯军纪，受军法处置是完全应该的；你整顿军纪，执法无私也是完全正确的。今后我一定带头服从命令，遵守军纪，请你放心吧！"

戚继光严肃处理舅舅违法的事，很快传遍了全军上下。

经过一段时间整训，一支军纪严明、英勇善战的"戚家军"终于训练出来了。这支军队在以后的抗倭斗争中，不仅令行禁止，步调一致，攻无不克，战无不胜，而且对百姓秋毫无犯。倭寇一听"戚家军"来了，就闻风丧胆，狼狈逃窜。

37. 为官不贪的于谦

于谦，字廷益，钱塘（今杭州）人，明朝杰出的政治家、军事家、著名爱国民族英雄。

于谦自青年时代就抱定以天下为己任的宏愿。他为官30余年，先后任过山西道监察御史、兵部右侍郎兼河南、山西都御史、兵部左侍郎兼巡抚、兵部尚书等职。由于他特别注重做人与为官的节操，认定"名节重泰山，利欲轻鸿毛"，一生不改谦虚简朴的本色，人们赞扬他是：铮铮铁骨，一身正气；重节轻利，两袖清风。

明英宗朱祁镇即位时，太监王振把持朝政，勾结内外贪官污吏，擅作威福。那时，外地官员进京，必须馈送重金厚礼，不然，轻则办事困难，障碍重重；重则降职免官，甚至下狱遭殃。对此，于谦从不趋炎附势，从不随波逐流。他在外地做官，每次进京，从不带任何行贿之物，只带随身行装。

一次，一位好心的朋友劝他说：

"你不带金银入京，带点手帕蘑菇之类的土特产品送一送也不妨么。"

于谦举起袖子，笑着说：

"谁说我没有带东西呀？你看，我这不是有两袖清风吗？"

为此，他还作了一首《入京》的诗：

"绢帕蘑菇并线香，本资民用反为殃。清风两袖朝天去，免得闾阎话短长。"

正统十四年（1449年），土木堡之战，明军大败，英宗被俘。为保卫北京，挽救明朝危亡，于谦功劳卓著，贡献无比，声望大增，被誉为"救时宰相"。但于谦从来口不言功，行不居傲。一些功不及于谦的人，得到的封赏却重于于谦，心中过意不去。于是，上书皇上，建议给于谦儿子加官升级，以示奖功赏绩。

一天，景帝召见于谦说：

"众臣为你请功，你以为如何？"

于谦恳切地面辞说：

"国家多事，做臣子的不应考虑自己的私利，请皇上不必多虑！"

于谦一心为国，一生清廉，虽身居高位，却向来不置家产，连自家所住房屋，也极为普通，常被人们认为是普通百姓之家。他59岁那年因遭诬陷后被害，朝廷派人抄家，才发现他家里没有一点私财，只有正室锁闭严实，打开一看，只是放着景帝赐给他的蟒袍和剑器。

于谦的一生终如他年轻时所写的《石灰吟》七律诗一样："千锤百凿出深山，烈火焚烧若等闲。粉骨碎身浑不怕，要留清白在人间。"

38．"二不公"范景文

范景文，字梦章，吴桥（今河北吴桥县）人。明朝光宗、熹宗两朝中，他先后任文节郎中、河南巡抚、兵部尚书、东阁大学士等职。

范景文为官清廉，洁身自好，从不接受别人的请托或馈赠，不管是素不相识的新友，还是过往甚密的亲朋好友，凡是送与礼品，登门相求者，他都一一婉言谢绝。

一次，他的一位亲戚，想谋个一官半职，便备了一份厚礼，前去找他。范景文见亲戚来访，设家宴热情款待。席间，那位亲戚乘着酒兴，说明了自己的来意。范景文听了，忙一口回绝说：

"我身为朝廷命官，岂敢擅用权势，枉徇私情？"

说完，他又耐心地劝他走读书求仕的门路，临走时，那位亲戚又说：

"以后，倘有可能，还请你帮助举荐。"并拿出礼物，一定要范景文收下。

范景文推辞了再三，说什么也不肯收。

那人又说：

"我们是亲戚，又不是外人，你何必如此……"

范景文把脸一板，生气地说：

"亲戚也不能收，你以后再来，就空手来，不许再像这样！"

不料，那位亲戚并不怕他吓唬，仍然坚持要把礼物留下，纠缠了好半天，范景文好不容易才让他把礼物带走了。

送走了亲戚，范景文自言自语道：想不到拒礼竟然如此之难。想来想去，终于想出了一个办法，他拿纸提笔写了六个大字，贴在大门上：

"不受嘱，不受馈！"

果然，以后再也没人敢登门送礼或求情办事了。人们也就把这种不受礼、不受嘱的品格，尊敬他为"二不公"。

39. 谦恭礼让的杨士奇

杨士奇，是明朝时历任五代王朝的大臣。他为人谦恭礼让，以正理待人，从不存有偏见，受到历代君臣的称赞。

自明惠帝以来，杨士奇担任少傅、大学士多年，他在政治、经济上的待遇都已是很可观了。

明仁宗即位之后，仁宗让他兼任礼部尚书，不久又改兼兵部尚书。这是掌管全国武官选用和兵籍、军械、军令等事务的大官。对此，杨士奇心中却很是不安。向仁宗皇帝要求辞谢，他说："我现任少傅、大学士等职务，已是到了限度了，再任尚书一职，确实有点名不符实，更怕群臣要背后指责。"

仁宗皇帝劝解说："黄淮、金幼孜等人都是身兼三职，并未受人指责。别人是不会指责你的，你就不要推辞了！"

杨士奇见君命难违，不能再推，就诚心实意地请求辞掉兵部尚书的俸薪。他认为，兵部尚书的职务可以担任，工作也可以做，但丰厚俸薪不能再接受。

仁宗皇帝说："你在朝廷任职20余年，我因特地要奖赏你才给予你这种经济待遇的，你就不必推了。"

"尚书每日的俸薪可供养60名壮士，我现在已经获得两份俸薪都已觉得过分了，怎么能再加呢?"杨士奇再三解释说。

这时，身旁的另一名大臣顺势插话劝解说："你应该辞掉大学士的那份最低的俸薪嘛。"

杨士奇说："要有心辞掉俸薪，就应该挑最丰厚的相辞，何必图虚名呢?"

仁宗皇帝见他态度这样坚决，又确实出于真心，终于答应了他的请求。

在朝廷中，还有一位同杨士奇一样受到历代皇帝宠幸的大臣叫杨荣。杨荣处事果敢，驻守边防曾屡建功勋，对于守边的将领的才德也了如指掌。守边的将领们每年都选用好马馈送于他，当时的宣宗皇帝对此也心中有数。

有一次，宣宗皇帝故意向杨士奇问及杨荣的为人。杨士奇不加思索地直说："杨荣通晓守边军务，我不如他。他虽然接受一点边将的馈赠，这只是白玉之瑕，希望皇上不必介意。"

宣宗却说："杨荣曾经在背后数落你的缺点，你怎么反倒为他的过失辩解呢?"

杨士奇说："人人都有不足之处，看人要看正面，不能存有偏见。所以，我希望皇上要像容忍我的过失那样去宽容杨荣。"宣宗皇帝听后，频频点头。

这件事，后来被杨荣知道了，他深受感动，对于杨士奇的坦荡为人更为敬佩。

40. 同甘共苦、爱兵如子的左宗棠

左宗棠，清代时湖南湘阴人，曾任闽浙、陕甘总督和协办大学士、军机大臣等职。他的一生中，大半生是在戎马倥偬中度过的，晚年病逝于抗法前线的福州。

左宗棠出身于农家，平日过惯了寒素生活。做官时，他常亲自灌园种菜，不喜玉食，治军时，常到军中走动，与士兵一起劳作。

一年，他督师到甘肃安定县。兰州道蒋凝学见他已是 61 岁高龄，因而劝他迁住省城兰州总督府居住。然而他却想到正在前线浴血奋战的广大官兵比他更为艰苦，硬是谢绝了其部属的一番好意，坚持与士兵同甘共苦，住进军中帐篷。

左宗棠不仅自己身先士卒，与将士同享甘苦，而且平时还不断要求他的部将要爱兵犹如爱子，告诫他们带兵时要有如带子弟的心肠那样去带他们。在他亲自制定的《禁军管制》中，还专门写了体恤兵勇的条文。每当在打仗时，因奋勇而阵亡，或伤重而身故的兵丁，凡家境贫寒者，左宗棠除了要求官府给予抚恤外，他自己还掏腰包，补贴他们的遗属，以示慰问。

1875 年，清政府任命左宗棠为钦差大臣，前往新疆督办军务。在挥师西征途中，一路上他只住营帐，从不住公馆。他常穿着一身布衣长袍，守着一张白木板桌办公。在恶劣的气候条件，帐外或沙土飞扬，或雨雪交加，他仍是伏在灰暗的灯烛下，不辞辛劳地处理繁重的军务。实在劳累极了，就踱出帐外，和军士闲唠，丝毫不摆长官架子。

他坐镇于酒泉，运筹于帷幄，繁重的军务终于累得他病倒了。但是，为了早日从沙俄手中收复新疆失地，实现他的"与西事相始终"的誓言，他不顾自己"衰病日臻"的病体，继续率军西征。

军队在向哈密行进的途中，正遇上漫天风沙，冰雪交加的恶劣天气。沿途地方官吏，为照顾他的病体，多次力劝他住进公馆，左宗棠都执意不从，依旧是住在营帐之中，坚持着和将士们同甘共苦。

为了向全军将士表示他誓与沙俄侵略军决一死战的决心，在行军中，左宗棠还特意命令其部属抬着棺材随军前进，随时准备为国捐躯。

左宗棠的这种誓不生还、效命疆场的悲壮之举，极大地激励和鼓舞了讨伐侵略者的同仇敌忾。因此，在出征和追剿阿古柏匪邦的战斗中，全军上下，出现了万众一心，奋勇杀敌的壮烈场面。

左宗棠在历史上是个功过各半的人物，但他在带兵征战中，身为军中将帅，事事严于律己，身先士卒，与士兵同甘共苦一直为后人所称颂。

41. 詹天佑买马车

詹天佑是我国著名的铁路工程师。他先后指挥了塘沽、天津间的铁路铺轨工程，完成了滦河大桥工程和著名的京张铁路工程。

詹天佑一心想着发展中国的铁路事业，从不考虑个人的享受。他还常教育青年要克己奉公，诚恳待人，不要沽名钓誉。

1914 年，他被提升为粤汉铁路督办。按他的官职，也考虑到他工作的需要，政府准备给他购买一辆汽车。可他为了节约工程经费，以把钱用到铁路建设上去，坚决不同意为他买汽车，而是用自己的钱买了一辆马车。他坐着马车，沿着铁路线，风尘仆仆地往来奔走。

有人说："督办坐马车，太不气派了！"

詹天佑却笑着说："什么气派不气派！要气派，我连马车也不坐了，干脆买一辆自行车骑骑，又方便又自由，又锻炼身体！"

詹天佑有五个儿子，都是学铁路工程的。他的第二个儿子文琮从美国耶鲁大学留学回国后，立即参加了修建奥汉铁路的工作。主管人员按照规定，将文琮的月薪定为100元，可是詹天佑不同意，只许定70元。大家觉得这样很不公平。詹天佑向大家解释说：

"就算不公平吧，这也不是让文琮多拿钱的不公平。我自己的儿子宁可少拿一点，这样，我说话办事才能让人家信服！"

有一次，詹天佑听说自己一个在铁路上做事的侄儿占用了公款，非常生气。偏偏有人看在他的面子上，想把事情包庇下来，詹天佑更加怒不可遏，立刻派人拿着自己的名片去找主办的官员，一定要公事公办，不许徇私枉法。结果，这个侄儿被关押了几个月，直到把亏空的公款全部还上，才得到释放。

42．李大钊砸内弟"饭碗"

李大钊不仅为中国人民的解放事业，为反帝反军阀斗争做出了重大贡献，而且始终以一个革命党人的胸怀严格要求自己，包括对自己的亲属。

李大钊有个内弟叫赵晓峰，曾由于请李大钊做"保人"，才得以在天津汉沽盐务局当了个小职员。

后来，一次李大钊从北京回到乐亭老家探亲。正巧赵晓峰也从天津回到家乡。赵晓峰见到姐夫，显得格外热情，又倒茶、又递烟，忙着招待李大钊。然后，他十分感激地对李大钊说：

"感谢姐夫为我帮忙，替小弟找了个好工作，如今我每月能挣六七百元哩！"

李大钊一听，感到有些意外，问他道：

"怎么能挣这么多钱?"

"姐夫,您不知道,干我们这行的除了正常工资外,还有不少外快。"

"什么外快?"

"私吃。"赵晓峰越说越得意,说完还眉飞色舞地补充说:

"这工作油水大着哩!"

听到这儿,李大钊心里很不是滋味,再也没理这个内弟。过了两天,李大钊就回北京去了。

不久,赵晓峰也回汉沽盐务局来上班。一到局里,那局里的一个负责人对他说:

"你已经被辞退了,请不必再来上班了。"

赵晓峰大吃一惊。忙问:

"为什么辞退我?"

"你姐夫已经撤了保。"

"为什么,他决不会这样的!"

"那你问你的姐夫去吧!"

赵晓峰十分恼火地赶到北京,一见到李大钊便十分委屈地问道:

"姐夫为什么要撤保,这不是砸了我的饭碗吗?!"

李大钊生气地说:

"因为你'私吃'太多,这样的事,实在是坑害百姓,我不允许你这么干!"

赵晓峰只得无可奈何地走了。

43. 毛泽东困难时期不吃荤菜

1960 年,由于国际国内各种复杂的原因,我国遇到暂时经济困难。面对这一困难局面，作为党中央主席的毛泽东同志，坚持同全国人民同甘共苦、共度难关。

全国人民节衣缩食，克服经济困难。毛泽东也对他的炊事员和身边的警卫人员说：

"我不吃荤菜了，猪肉和鸡蛋要出口换机器。我看，有米饭，有青菜，有盐有油，就可以了。"

一次，毛泽东召集中央政治局的同志开会，到了深夜，警卫员与服务员商量，给中央领导做些包子，多放些猪肉。当他们把包子送上去以后，毛泽东责备说：

"我不吃荤菜，只吃米饭青菜，怎么又做了。"

过了几天，毛泽东又指示：每顿只炒一碗青菜，两盘小菜，三两米饭。其实就连这样的饭菜，他都舍不得一个人吃，每次都要和值班的警卫员一起吃。后来，警卫员、秘书和大夫见饮食太清淡了，就劝他道：

"主席，您这样下去会把身体搞坏的，党和人民都需要您，您不能这样节省了。"

毛泽东还无限深情地对大家说：

"全国的老百姓都是这样，我一个人吃了也不舒服啊！"

44. 周恩来反对维修旧居

周恩来是深受全国各族人民爱戴的好总理。他一生中，一贯谦虚谨慎、严于律己，始终以"人民公仆"严格要求自己，表现了一个无产阶级革命家的高尚品德。

周恩来出生于江苏省淮安县，他家的旧居就在淮安县城驸马巷和局巷相接的地方。

解放初期，淮安县委为了保护周恩来的旧居，对将要倒塌的房舍进行了维修。不久，周恩来从亲属的来信中知道了此事，他当即给淮安县委去信，制止今后再作维修，并询问了修缮所用费用，很快就从自己的工资中拿出钱付了这笔修理费。

1953 年，周恩来又指示淮安县委把他的旧居处理掉。但是，县里领导考虑到故乡人民的感情和全国人民的心愿，没有同意这样做。后来又对三间危房作了较大的整修。

这件事又传到周恩来那里。为此，淮安县副县长王汝祥去北京时，还受到周总理的严肃批评。临走时，周恩来特地写了一封信，请王汝祥转给淮安县委，信中说：

"我提出两个请求：一是万不要拿房子作为纪念，引人参观。……二是公家无别种需要，最好不要使原住这所房子的住户迁移。后一个请求，请你们酌办；前一个请求，无论如何，要你们答应。否则，我将不断请求，直到你们答应为止。"

两年以后，当周恩来接见淮安县委另一位负责人刘秉衡的时候，又提起此事，他严肃地批评说："1958 年王汝祥同志来，我叫他回去处理我的房子，他骗了我，到现在还没处理。是吗？"

刘秉衡作了多方解释。周恩来听后，说：

"我的房子一定要处理掉，决不能同毛主席的旧居相比。"

刘秉衡回淮安后，向县委如实地汇报了周恩来的嘱咐，感到不能再违背周总理的指示了。经慎重研究，决定把周恩来诞生和生活过的东边宅院，作为县委学习室和儿童图书馆，西边宅院让群众住进去。执行后，写信给周总理作了汇报。

后来，前去参观的人们，在局巷三号大门口，看到一块木牌，上面写着："私人住宅，谢绝参观。"

然而，周恩来作为国家总理，在国际国内都有很高的威望，随着时间的推移，前来瞻仰他旧居的人愈来愈多。

周恩来了解到仍有人前去参观他的旧居后，心理很不安。多年来，为这件事他采取了很多措施，不但没有实现他自己"不留痕迹"的愿望，参观者反而有增无减。他一直把自己当作毛泽东领导下的一名工作人员，怎么能让自己在群众心目中和毛主席相比呢？

他决定采取行政手段，彻底解决这个问题。

1973 年 11 月 13 日晚 9 时，淮安县委办公室的电话铃响了，这是国务院办公室一位负责人打来的。正在值班的县委一位负责人拿起了电话。北京打来的电话说：

"周总理听到反映：要动员住在他旧居的居民搬家，还准备开放，让人参观。请县委调查一下，看有没有这样的事，请向国务院办公室汇报一下。"

县委了解以后，发现没有这样的情况，就如实作了汇报。

11 月 17 日，国务院办公室又来电话，正式传达了周恩来关于处理旧居的三条指示：

一、不要让人参观；

二、不准动员住在里面的居民搬家；

三、房子坏了，不准再修。

第二天，县委立即把落实情况报告了国务院办公室。

1974 年 8 月 1 日，周恩来见到侄媳孙桂云时，又问起"三条指示"执行情况。桂云汇报说：

"都执行了。但外地人千方百计找上门来，实在没有办法。"

周恩来思索了一下说：

"把房子拆了，你们换个地方住，行吗？"

桂云说："拆迁房屋要经政府批准，我们自己不好决定。"

周恩来点点头。最后，他又嘱咐说：

"你们要劝说参观的人，叫他们到韶山去瞻仰毛主席的旧居。"

45. 刘少奇不搞特殊化

新中国成立后，刘少奇作为国家的高级领导人，时时处处都能以一个普通群众的身份来严格要求自己和自己的子女、亲属，从未有过任何特殊，充分体现了一个无产阶级革命家、一个共产主义战士的高风亮节。

1959 年，刘少奇在海南岛休假。有一天，一个厨师跟秘书说："少奇同志生日快到了，要不要给他稍微改善一下伙食？"秘书想了想，说：

"可以嘛，给他多做一两个菜，稍微改善一下。"

二人的谈话碰巧被刚走过来的一位当地工作人员听见了："这么大的事情是该好好庆贺一下。"

秘书急忙道："可别搞什么庆贺，少奇同志最烦搞这一套了。"那位同志听了，笑着说："这是我们的一片心意。少奇同志爱护人民，人民也尊敬和爱戴他嘛！"

秘书见这人十分认真，急得连连摇头摆手，"不行，不行，你还不知道少奇同志的脾气，这种事情闹大了，我们准挨批。"那人见秘书急成这样，说了声"算了"，又扯了些闲话，就走了。

大家都知道了少奇同志的作风，所以生日那天和往常一样，没有什么特别的地方。可就在那天下午，当地一个工作人员送来一块用红丝镶嵌着一个"寿"字的大蛋糕。送蛋糕的人说："我们知道刘主席不喜欢大张旗鼓地庆生日，所以，这块蛋糕，算是我们海南人民对刘主席的一片敬意。"说完，也没等回答，扭头就走了。

这可给大家出了个难题，收吧，谁敢收？不收吧，这是当地人民的一片心意，怎么办？

这事终于被刘少奇知道了。果然不出人们所料，少奇一听说此事很生气，不但让把蛋糕拿走，又叫来王光美同志，问她是否知道此事，为什么没有制止……

这天下午，因刘少奇不高兴，大家也都很不安。直到晚饭的时候，刘少奇的气才消了一些，语重心长地对大家说："蛋糕你们拿去吃吧，以后可要注意啊！我们党的干部，只能是人民的公仆，不能当官做老爷，这样做像什么嘛！"

事情过去了，蛋糕谁也没吃，谁也吃不下，可刘少奇的教导却深深地刻在大家的脑海中。

刘少奇就是这样，从不因为自己是国家主席而有过任何特殊，对子女、亲属更是严格要求。他经常召集家人召开家庭会议，以教导他们不搞特殊化。

在 1959 年国庆期间的一次家庭会议上，他对大家说："今天，请你们来开个会。正确处理人民内部矛盾嘛！什么矛盾呢？你们以为我当了国家主席，给你们点方便，给你们点东西很容易，但我的看法和你们不一致，这就是个矛盾。有了矛盾就要处理。现在解放了，在农村也好，当工人也好，生活都比过去好多了。你们想进城，想调换工作，希望我帮忙。不错，我是国家主席，硬着头皮给你们办这些事，也不是办不成。可是不行啊！我是国家主席不假，但我是共产党员，我不能随便行使自己的职权谋私利。你们现在吃饱了，穿暖了，就要好好为国家工作……"

刘少奇虽然语气平缓，但观点明确，态度坚决，家人听后，心悦诚服，都自觉地按刘少奇的话去办。

46. 朱德模范遵守党纪

朱德是深受全国人民崇敬和爱戴的老一辈无产阶级革命家，生前担任中央军委副主席、全国人大常委会委员长等重要职务。

朱德无论何时何地，都把自己当作革命队伍中普通的一员，党内党外，从不搞特殊化，一贯模范地自觉遵守党的纪律。

抗日战争时期，朱德担任八路军总司令。他和身边工作人员编在一个党小组，每次过组织生活，他都主动参加。

有一次，党小组讨论如何落实毛主席向全党发出的"自己动手，克服困难"的号召，研究如何发展生产问题。党小组的同志，看到朱德的工作太忙，没打算给他分配具体任务，所以，那次会没有通知他参加。

第二天，朱德听说后，找到党小组组长问道：

"昨天的会议为什么不通知我参加？"

"我们看你工作太忙，所以……"

"那怎么行啊？毛主席号召我们自己动手，克服困难，这么大的事情，我不能特殊，我也有一份。"

接着，又耐心地对党小组组长说：

"在我们党内，每个人都是普普通通的党员，党内不能有特殊的党员，总司令也不例外。以后不管开什么会，都要通知我参加。"

党小组根据朱德同志的要求，又重新开了一次会，会上安排他和一名炊事员、一名警卫员，一起承担机关二亩地的种菜任务。

从此，每天傍晚，朱德便同大家一起抬水、浇地、除草……两名战士，看到总司令亲自带头，干得更起劲了。

解放以后，朱德同志仍然是把党的事业看得高于一切，自己从不居功自恃，甘做人民公仆，对亲属和子女也是处处严格要求。

如今，在中国人民革命博物馆西三楼展览厅，陈列着一张两万多元的巨额存款单。原来，这是康克清按照朱德生前的嘱托，把朱德在二十多年来省吃俭用积蓄起来的钱，全部作为党费交给了党。

朱德在逝世前不止一次嘱咐说，我只有两万元存款，这笔钱不要动用，不要分给孩子们，把它交给党组织，作为我的党费。子女们应该接革命的班，继承艰苦奋斗的光荣传统，而不是接受金钱和享受，那样是害了他们。他还对孩子们讲：

"我不要孝子贤孙，要的是革命接班人！我要尽到我的责任，把你们培养成无产阶级革命事业接班人。

47. 邓小平严于律己

1947 年 10 月，一天中午，在第二野战军指挥部的小屋里，副官长抱着一套新棉衣，轻手轻脚地走到正伏在桌上聚精会神地批阅文件的邓小平政委身边，小声说："首长，棉衣给你领来了。"邓小平放下笔，搓搓手，转过身来，看到副官长抱着一套新棉衣，一时没弄清是怎么回事。副官长说明情况后，邓小平站起身来严肃地说："你们为什么要这样做，难道你们没有看到大家都和我穿的差不多吗？你们的棉衣比我的还要破嘛，为什么偏偏给我做一身呢？"

副官长站在那里不知如何是好。

这到底是谁出的主意为邓政委做棉衣呢？原来，在七八月间，我晋冀鲁豫野战军，遵照党中央和毛主席的指示，强渡黄河，千里跃进大别山。随后，几个战役完成了战略展开的任务，经中央批准就地修整，筹集解决冬衣。经过宣传、动员，群众热情支援，很快就筹集到了大量的布匹和棉花。

　　刘伯承司令员、邓小平政委亲自动手带领部队官兵用竹鞭、树条和自制的弹弓弹棉花，用稻草灰染出灰布，自己动手缝制棉衣。

　　邓小平政委的棉衣和战士们一样，很多地方棉花也脱落了，有些地方还打了大大小小的补丁。几个在政委身边工作的同志看在眼里，心里特别着急，他们多么想瞒着邓政委让后勤部给他做一身新衣服，可是谁也不敢，因为邓政委在生活上一向勤俭朴素，严于律己，清正廉明，从不允许给他搞特殊化。

　　一天，陈赓同志到总部来，看到邓政委的那套棉衣，便偷偷地把副官长叫去说："你们每天都在首长身边工作，难道没有发现政委身上穿得那么单薄吗？"接着又用极严肃的口气说："要把政委冻坏了，看我不找你们算账！"副官长挨了批评，不但没有生气，反而心情舒畅了许多。大家都拍手叫好："这下可找到'靠山'了。"他们便一同去找后勤的同志给政委做了一套棉衣。

　　没想到，"靠山"也不起作用了。正在副官长为难之际，万全同志进来了，副官长向他示意帮忙。万全会意地笑着说："首长，棉衣既然已经做了，还是换一下吧。"邓小平摆了摆手："那可不行！马上把棉衣退回去！"他看大家都很为难，又慈祥地笑了说："这样吧，棉衣既然领来了，就给小万穿上吧。"还没等小万分辩，邓小平拿起棉衣亲切地给小万披在肩上，嘴里不住地说了几次"就这样决定了，就这样决定了。"说完他便回到桌前继续工作。小万的眼圈红了，一句话也没说出来，无可奈何地走出了政委的小屋。

48．任弼时克己奉公

　　任弼时（1904—1950），湖南湘阴县人，曾任中国共产党中央政治局委员和书记处书记。

任弼时一生为中国人民的解放事业努力奋斗，生活中勤俭朴素，克己奉公，从不为个人谋一点私利。

全国解放前夕，任弼时身患重病，不得已在家里养病休息。他的住房不宽敞，又邻近大街，很不适宜养病。组织上给他找了个较为舒适安静的地方，建议他搬过去住。任弼时知道后说：

"那房子住着一个机关，而我是一个人，怎能牵动一个机关呢？当干部的一丝一毫不能搞特殊！"

后来，组织上又给他找了一所房子，准备花钱修理。他知道后又制止说：

"现在国民经济正在恢复发展时期，需要用钱的地方很多，还是把钱用到建设上去吧！"

就这样，一直到他逝世，始终住在原来的房子里。

任弼时不仅在住房上不愿自己特殊，连平时生活上的小事也是如此。

他在北京养病时，经常到景山去散步。因身体不好，不能走远路。一次，警卫员建议从较近的小门过景山公园。他答应了，但走到那里一看，小门上搭拉着一根铁丝，上面挂着一块"游人止步"的牌子，他二话没说就往回走。

警卫员劝他说可以进去。任弼时立即教育他说：

"这里挂着牌子，说明公园有规定，这是他们的制度，我们决不能破坏！"

结果还是每天坚持走原路去景山。

任弼时不但严于律己，而且对子女的要求也十分严格。

还是在他转战陕北时，他的大女儿和二女儿，正好上初中和小学。每次敌人来了，都得跟着学校转移，有时还要翻山越岭。有的同志见她们年纪小，出于对她俩的关心，准备把她俩送到中央机关大队，跟着妈妈陈琮英一起走。任弼时坚决不同意，并说：

"让她们锻炼一下吧，不要把孩子养成革命的娇子。"　。

这样，在转战陕北的一年多时间里，任弼时的两个女儿一直自己背着背包，和学校的老师一道徒步跋涉。

进了北京后，他平时经常教育孩子要爱护国家财产，节省开支。还教育家里人不要浪费一度电、一滴水。孩子上学时，平时在学校吃饭，星期天回家也不让她们吃小灶，而是让他们到食堂买饭吃。他这样做，为的是不让孩子产生特殊感。他还对孩子说：

"吃了人民的小米，不能辜负人民对你们的希望，将来一定要为人民做事。"

任弼时因病逝世后，全国人民都深深地怀念着他。

49. 张闻天公而忘私

张闻天（1900—1976），曾化名洛甫、洛夫等，原江苏南江（今上海市）人。张闻天生前曾是党和国家的重要领导人之一，又是著名的翻译家、作家和经济理论家。为中国人民的革命和建设事业作出过重要贡献。

"文化大革命"期间，张闻天受到诬陷，先后遣送到广东肇庆和江苏无锡。然而他始终无怨无恨，保持着一个共产党人的律己宽人的修养和胸怀。

1974 年 2 月，张闻天恢复组织生活，仍住在广东肇庆。但这时他身体不好，冬天时身体怕冷，为了取暖方便，家里为他购买了一只电炉。电炉安装好后，他立即打听电工的安装费用问题，要由自己来付安装费。这时，工作人员告诉他说：

"不必了，由公家报销吧！"

张闻天一听不同意，说：

"私人的事，怎么能让公家出钱呢？这样做不好，这是假公济私。"

第二天，他特地给市委负责人写了一封信，信中说：

"请你们把安装电炉的费用告诉我，由我个人负责支付。今后每月应交电费也请通知我，以便按时交纳。"

市委的同志收到他的信，很受感动，只好答应了他的请求。

张闻天平时生活十分节俭，从不奢侈浪费。经过几十年的积蓄，加上平反后补发给他的工资，有了四万元的存款。

在他逝世前一年，他的孩子从新疆来肇庆探望他。有位身边的同志知道他有一笔款子，劝他说：

"你的孩子在新疆生活很艰苦，千里迢迢来看你，你补发的那些钱不给一点，将来留给谁呢？"

张闻天回答他说：

"这几年我光吃闲饭，没做什么工作，很对不起党，将来我要把这些钱作为党费全部交给党。"

1976 年，张闻天在无锡病重。临终前，他再三向夫人刘英交代说：

"我死后，请把我的钱全部交给党，作为我交的最后一次党费。"

夫人刘英默默地点点头。

张闻天没有听见她的回话，吃力地用颤抖的手比划着。见此情景，刘英禁不住泪水夺眶而出，忙说：

"放心吧，我一定会按你的话去做。"

张闻天这才点点头。

7月1日，张闻天病逝。不久，他夫人刘英按照他的嘱托，把他的四万元存款，全部交给了党组织作为党费。

人们在怀念张闻天时，都无不为他这种不计个人恩怨，一心向着党的伟大品格表示由衷地敬仰。

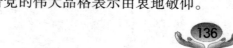

50. 彭德怀严于律己

彭德怀不仅为中国人民和世界人民的解放事业作出过重大贡献，而且他一生胸怀坦荡，一身正气，在日常生活中也处处严于律己。

一次，彭德怀到大连视察。当地的地方领导为了表示对他的敬意，特地设宴招待。彭德怀来到餐厅，看到一个大圆桌上摆着三四十个菜，心中很不高兴，他语重心长地对大家说：

"我们国家现在还很穷，经济建设需要资金，人民生活还有很多困难，有的老百姓连肚皮都填不饱。我们是共产党的干部，人民共和国军队的领导人，象这样大吃大喝，怎么向人民交代？"

还有一次，彭德怀到某军视察，军领导见首长难得下来，特地吩咐炊事员做了十几道菜，并解释说：

"这菜都是部队战士生产的，连队也能吃上这些东西。"

彭德怀有些不信，便叫人召集附近连以上干部来到餐厅，他指着桌上的饭菜问：

"你们连队是不是也吃得这么好？"

连队干部一见这场面，就明白了八九成，只好说实话，同时又解释说：

"连队吃的没这么好，给首长加几个菜，我们没意见。"

这一解释，把彭德怀激怒了，他向军领导反问道：

"难道领导就要吃得好，首长就应该加菜？我们共产党的传统，不是首长就要吃好，而且要带头吃苦。你们为什么总是想着领导，为什么不多想想老百姓？"

在场的连以上干部听了这一番话，心里热乎乎的，对彭德怀更加敬重。军领导只好叫炊事员把多加的菜撤下去了。这时，彭德怀看看大家，会心地笑了，并招呼大家入席。

彭德怀是毛泽东主席亲自授衔的十位元帅之一。在战争年代，毛主席亲切地称他为"彭大将军"。但他历来对自己要求十分严格，时时处处都十分谦虚谨慎。

1949年10月1日乌鲁木齐数万名各族人民涌上街头，欢庆解放。在沸腾的人海中，许多人带着领袖人物的画像，有毛泽东、朱德、周恩来，还有彭德怀的。人们不时地高呼"万岁！""万岁"的口号，无数群众兴高采烈地一遍遍跟着呼应。

当时，和群众一起欢庆解放的彭德怀看到这番情景眉头不由皱了起来。他想，现在胜利了，更要戒骄戒躁，谦虚谨慎。"万岁"的口号首先应还给人民，还给祖国，还给共产党！胜利是党的胜利，是人民的胜利！

当一排巨幅画像被众人抬着走过来时，他突然迎面走了上去，微笑着说：

"我这模样长得不好，难为画家了。还是扯下来，不要抬着它过市了！"说着，他伸手将画像扯下来，撕了。

在场的人们不明白怎么回事，一下子全都用惊异的目光看着他，有的立时表现出怒气。他知道，有好多群众并不认识他，说不定还以为他是一个混进来的坏分子呢！于是他便高声地对大家说：

"同志们，同胞们！我就是这画像上的人，我是彭德怀！不要抬我的画像嘛，应举起毛主席和朱总司令的画像，还有我们的红旗！"

解放后的1957年10月，湖南省平江县第一中学给彭德怀写了封信。信中内容大意是：他们学校的校址是平江县岳书院，正是当年彭德怀举行平江起义的地方。要请彭德怀抽时间为他们写写平江起义的经过和英勇战斗的事迹，作为他们布置平江起义纪念室的资料。

当年在彭德怀身边工作的孟云增，看到这封信后，心想：这回

可要请彭德怀好好讲讲平江起义的经过了。一天，当他见彭德怀把主要文件批阅完后，便拿出这封信，又带上了钢笔和笔记本，来到彭德怀办公室，凑到彭德怀面前说：

“彭老总，这是平江一中给你的来信。”

彭德怀伸手接过信认真地看起来。看着看着，嘴里自言自语地说：“又是要材料，作纪念，我有什么好纪念的。”孟云增见他不想写，便说：

“彭老总，这可是学校写来的信，它关系到对下一代进行传统教育，应该对他们说一说。”

彭德怀却把脸一沉，严肃地说：

“有什么好说的，作为我个人有什么值得纪念的！那次起义又是党领导的。一个人要是离开了党，就一事无成。要说纪念，那些在战争中英勇牺牲的同志们，才永远值得纪念，永远值得学习。”

孟云增又解释说：

“你是平江起义的主要组织者和领导者，有责任将起义的事迹告诉他们，教育后人。”

彭德怀这时略微沉思了一会儿，拿出纸笔，给平江一中的同志写了下面的一封回信：

平江第一初中同志：

十月十日来信收到。平江人民是英勇的、光荣的，在第一次国内革命战争失败后和第二次国内革命战争时期，许多同志英勇的光荣的牺牲了，他们永远值得我们纪念和学习。我和其他同志于 *1928* 年 *7* 月在平江起义是中国共产党领导的，是平江人民英勇奋斗直接配合下促成的。我只是六亿人民之一，没有什么值得纪念。祝你们好并致同志敬礼！

彭德怀

1957 年 *10* 月 *27* 日

孟云增没有听到彭老总讲述平江起义的经过，心里不免有些失望，但当他看到彭德怀亲笔写的这封回信时，目光久久地停留在"我只是六亿人民之一"这熟悉的字迹上……

51. 陈毅律己宽人

陈毅（1901—1972），四川乐至人，伟大的无产阶级革命家、军事家，曾任中共中央军委副主席、国务院副总理、外交部长等职。

1954年，在党的七届四中全会上，揭露了饶漱石的问题，开展了对饶漱石的斗争。当时，党中央决定由邓小平、陈毅、谭震林主持饶漱石问题座谈会。

在对饶漱石的斗争中，陈毅充分表现了无产阶级革命家的高尚品质，尤其在对待饶漱石排挤、打击他的问题上，更显出了他的光明磊落和博大胸襟，显示了他严格要求自己的崇高形象。

早在1943年，权欲熏心的饶漱石，在黄花塘发动突然袭击，斗争陈毅，对陈毅进行了莫须有的诬陷，使陈毅被迫离开了新四军。

陈毅到延安后，在党中央和毛主席身边，他更表现了一个共产党员的鲜明的党性原则。当毛泽东要他不谈黄花塘问题时，他即以大局为重，不计个人利害得失，一句也不说。

后来，真相大白。饶漱石当时斗争陈毅、赶走陈毅的黄花塘事件，完全是为篡夺新四军领导权而搞的阴谋诡计。但是，陈毅在这个问题上，一方面，严格要求自己，更多的让自己和同志从中汲取经验教训；另一方面，对自己所受的打击，却显示了宽广的胸襟。每次会议，在谈到这个问题时，他总是说："在这个问题上，我应该痛切地反省。不能因为饶漱石的阴谋被揭穿了，就把自己的缺点掩盖了。为什么饶漱石能制造出这个事件？为什么有的多年在一起工作的老同志，会受饶漱石的利用？我个人也有引以为戒的地方。"

在贯彻七届四中全会的决议，开展对饶漱石的斗争中，陈毅从不认为自己一贯正确，总是多讲自己的弱点和缺点，从不因为受过饶漱石的打击和排挤而为自己出气，而是从中认真汲取应有的教训。他总是说："我对饶漱石也不是一下子就清楚了的。"

陈毅就是以如此宽大的胸怀，以严于律己的模范行动，引导大家正确对待党内斗争，开展批评与自我批评，从而增强党性，增强党的团结。

陈毅不仅在政治上胸怀坦荡，严于律己，在生活中也克己奉公，处处严格要求自己，从不利用手中的职权假公济私。

解放后，陈毅的父母回四川老家安家时，他因工作忙，不能亲自去送，他对组织上派去陪送的同志提出"约法三章"：

一、把两位老人直接送到妹妹家，不要惊动省委；

二、找普通民房住，不得向机关要房子。

三、安家事宜自己解决。

遵照陈毅的意见，陪同的同志帮着租了三间普通民房，亲属们帮助清扫了一下，就把老人安置下了。

陈毅在上海任市长时，他的小妹重坤想报考工农速成学校，因她文化底子差，想让陈毅写个条子，跟有关方面打个招呼。小妹三番五次地请求，他就是不写。他耐心地对妹妹说：

"速成学校是为解放区的干部办的，他们有功劳，但缺少文化，如今是为了工作才读书。你没有功劳，没有资格去，你还是去参加招工考试吧！"

小妹愉快地接受了他的意见，第二天便跑到上海制造局路考点报考，结果被上海卫生人员培训班录取。一年后，当上了"白衣战士"。

两年以后，军政大学在上海招生，重坤对大学生非常羡慕，再次要二哥帮忙写张条子，让她去试试，陈毅严肃地说：

"我没有这个权利，这个条子我不写。你要读书，我同意，你可上夜校嘛!"

重坤又愉快地听了二哥的教导上了夜校。

52. 刘伯承赔碗

刘伯承早年参加革命时，曾参加领导了泸州顺庆起义、南昌起义；在红军长征和抗日战争中，曾率部智取遵义城、巧渡金沙江、强渡大渡河，挺进太行山、参加过"百团大战"；在解放战争中为新中国建立立下过不朽的功勋。

刘伯承在革命战争中，是位叱咤风云的战将，在日常生活中又是位体恤民情，维护革命纪律的模范。

1947 年盛夏的一天中午，刘伯承的儿子刘太行和房东大嫂的儿子，一起坐在门前树荫下吃午饭。正吃着饭时，小太行不小心把那个孩子的饭碗碰落到地上，碗被打碎了。小太行吓坏了，把这件事告诉了妈妈汪荣华。

汪荣华连忙端着一个花瓷碗，拉着小太行，来到房东家里。一进门，赶忙让儿子赔礼道歉。然后对房东说：

"大嫂，这碗赔给你。"

那大嫂一听，忙推辞说：

"嗨，一只破碗打了有什么关系，还赔个啥?"

"这是咱部队的纪律。"汪荣华说，"如果你不收下，老刘回来会批评我和太行的。"

房东大嫂只好把碗收下来。可等把她们母子俩送走以后，又觉得不该收这个碗。于是，硬是把花瓷碗送了回去。

过了几天，刘伯承从前线回来，听说这件事心里很不安。又亲自拿着花瓷碗，拉着小太行来到房东家，亲切地说：

"大嫂，损坏东西要赔偿，这是我们解放军的纪律。你不收下这碗，不是让我们违犯纪律吗？"

房东大嫂非常不情愿地接过碗，感激地说：

"儿子打个碗，做娘的来送，当司令的爹也来赔，俺祖祖辈辈还从没听说过这样的事哩！"

俗话说，一滴水可以映照出太阳的光辉。刘伯承赔碗虽说是一件小事，却反映出他自觉遵守群众纪律的高贵品德。

53. 贺龙赔礼致歉

贺龙，早年曾参加孙中山领导的国民革命。1927 年参加南昌起义并加入中国共产党，后又回到湘鄂西地区，创建革命根据地。新中国成立后，贺龙先后担任西北军司令员、中央军委副主席、国务院副总理兼国家体委主任等职。

当年，在湘鄂地区作战时，有一天，部队在一处平地休息。贺龙坐在草地上同干部、战士们聊天。警卫员把马拴在樟树下面，缰绳刚系好，那马一退，腿一滑，踏坏了地里的几株苞谷。警卫员十分难过，向贺龙报告说："贺总指挥，只怪我不小心，有几株苞谷苗给马踩坏了。"贺龙走过来，也心疼地说："可惜，可惜！在这山界上，种几兜苞谷也是不容易呀！要照价赔偿。"

警卫员向周围望了一望，山高谷深，到哪去找主人呢？他说："我骑马到附近走一走，找到寨子，问问这块苞谷地是谁的。"

"滴滴答答！"集合号吹响了，队伍马上就要出发了。贺龙想了想，从口袋里掏出一块光洋，对警卫员说："弄块手帕，把光洋包着，捆在木棒上，插在这里。等我们打完仗后，回来再打听这家主人。当面道歉！小鬼，以后要注意啊！"

一切都做好后，队伍继续前进。

过了半个月，他们又回到了这个地方。贺龙一进寨子，就向农会干部打听那块苞谷的主人。真是巧极了，那主人是田大娘，就住在这个寨子里。田大娘五十来岁，家境贫寒。那块离寨子一二十里远的地，是她去年开的一块生荒。贺龙了解清楚后，便向田大娘家走去。

到了田大娘家，还没进屋，贺龙就高喊起来："田大娘在家吗?"

"在呀。"田大娘出门一看，"哟，是贺总指挥。"原来在欢迎红军进寨的时候，贺龙给乡亲们讲了话，所以田大娘认得贺龙。田大娘见总指挥来到自己家，欢喜的不得了，倒水、递烟忙个不停。

贺龙坐下，微笑着说："大娘，今天我一来看望您老人家，二来赔个不是!"

贺龙把马踩坏苞谷苗的事讲了一遍，然后，诚恳地说："那时候，打仗任务急。今天没事，我特地向你道歉!"

这下，田大娘全明白了。她连忙从柜子里取出那块光洋，双手捧着，含着泪，望着贺龙：

"贺老总，这钱，我不能收啊！红军是我们穷人的亲人，何况这又是马踩坏的呢!"

贺龙笑着解释道："您老人家一定要收下。红军有个老规矩，损坏老百姓的东西要赔偿，我是总指挥，要带这个头。"说完，告别了田大娘，转身跨出门槛，大踏步地走了。

田大娘望着贺老总离去的身影，心情久久不能平静……

54. 徐特立看病

　　徐特立是毛泽东主席十分尊敬的师长，也是全国人民敬重的革命前辈，解放后又担任着中央的高级领导职位，但他事事、时时、处处都把自己当着一个普通的老百姓，严格要求自己，体贴关心别人。

　　一次，徐特立到北京医院看病。正巧，这天看病的人很多，大家都自觉地坐在候诊室的长椅上等着叫号。徐老的警卫员一看这情形，有点急了。心想，徐老是最爱惜时间的，就这么等着，得空耗多少时间啊。于是，他走到徐老身边低声地问道：

　　"徐老，这人太多了，我去跟医院张主任说一声，让先给您看，好不好？"

　　徐老忙摆了摆手说：

　　"不行，不行，不要惊动他们，还是依次序看好，稍等一下没关系。"

　　警卫员看了看长椅上坐着的许多人，又抬头望了望墙上的时钟，噘着嘴说：

　　"那够等的啦……"

　　徐老见警卫员有点不高兴，便招呼他坐下，拍着他的肩膀耐心地说：

　　"自己的时间宝贵，别人的时间就不值钱吗？我们要是不按次序看病，别人就要多等。无论做什么事，都要替别人想一想，不能光图自己一人方便。再说，你若去找张主任，因为我们跟他熟，就特殊照顾，可以不按次序看病；如果熟人都不遵守制度，那么这儿的秩序怎么维持呢？"

警卫员听徐老这么一说，觉得很有道理，也就耐着性子陪着徐老等着叫号了。

55. 毛泽民律己待兄弟

毛泽民，字润莲，他是毛泽东同志的大弟弟。毛泽民在青年时代起，就跟着毛泽东同志为广大劳苦大众的解放事业英勇奋斗，47岁时，被敌人所杀害。

1931 年 7 月，毛泽民接受上级指示，到闽粤赣革命根据地，担任了闽粤赣军区的后勤部长。次年，他主持筹备和成立了中华苏维埃国家银行并担任第一任行长。在任期间，他为"统一财政，筹款支援前线"做出了重要贡献。

工作中，他严格遵守各项制度。全行上下共 100 多名职工，毛泽民对他们要求很严，经常教育大家，理财用钱一定要做到三清：即头脑清醒、账目清楚、心地清白。

对有关支出项目，他都要严格把关，一一认真审阅，就连财政部门已经盖章批准的，也毫不马虎。

平时，他生活节俭，廉洁正直。虽身为行长，没有丝毫特殊之处。每月和别人一样，只领取少得可怜的一点点津贴费，从不多拿一分钱。他的弟弟毛泽覃来看望他，每次都是清茶淡饭，从不另外设宴。

有一次，哥哥毛泽东来访，他也同样以一般饭菜招待。周围的同志见了，觉得很过意不去，就劝他说：

"毛泽东同志是你的亲哥哥，同时他又是苏维埃中央政府主席，怎么能以粗茶淡水相待呢？动用一点公款招待一下，也是应当的嘛！"

毛泽民听了，笑着说：

"革命传统比兄弟情分更重要，手足之情也应该是君子之交淡如水啊！"

在场的毛泽东听了，也会心地哈哈大笑了起来。

56. 吉鸿昌大义灭亲

吉鸿昌（1895—1934），河南扶沟县人，抗日民族英雄。

吉鸿昌18岁时加入冯玉祥的部队当兵，由士兵逐级升为师长。他一直抱着"当兵救国，为民造福"的志愿，并一直把他父亲在临终前，告诫他"当官要清白廉正，为天下穷人着想"的话铭刻在心。

吉鸿昌有个侄儿，名叫吉南星。因他横行乡里，无恶不作，成为十里八乡的一害。

一次吉南星为了霸占一位外地来本地经商人的妻子，竟然投毒害死了那个商人。

吉鸿昌听说此事后，顿时怒火万丈，当即写了一封信，派人连夜送到县政府，指出要县长把杀人犯吉南星逮捕问斩。县长认为吉鸿昌这样做，不过是为了掩人耳目而已，并不是真心要大义灭亲。于是，虽然立即派人将吉南星逮捕入狱，但却一直关押着，久久不予处治。

后来，一次吉鸿昌回家乡探亲。刚进家门，吉南星的奶奶就含着泪找他说："鸿昌啊，你把侄儿送到大牢，都一年了，还不叫他出来，要到啥时候啊？我求求你，快把他放出来吧，我都要想疯了。你这么大官儿，说句话，县长还敢不听！"

至此，吉鸿昌才知道吉南星还没有被处治。他十分生气，但仍装着若无其事地说：

"好吧，明天我就去看看。"

第二天，吉鸿昌来到县里，开门见山地对县长说：

"我是为侄儿一事来的。"

"好说，我们立即放人。"县长以为吉鸿昌来说情，忙献媚地答道。

吉鸿昌语调严厉地说：

"老百姓犯了法，你们立时严惩不贷，为什么吉南星杀了人，却长期关着不予处治？"

县长一时不明白他话的用意，嗫嚅着嘴巴，不知说什么好。吉鸿昌说：

"把我的侄儿交来。"

县长派人把吉南星从牢中提出交给了吉鸿昌，吉鸿昌带着吉南星，径直来到镇外的一片坟地。吉南星见不对劲，战战兢兢地说：

"叔叔，您这是做啥？"

"做啥？"吉鸿昌铁青着脸喝道，"杀人偿命，今天，我判你死刑！"

吉南星吓得魂不附体，连忙跪地求饶。吉鸿昌听也不听，"砰砰"两枪，结果了这个恶棍。事后，当吉南星的奶奶得知消息时，吉鸿昌早已离开家乡走了。

57. 黄克诚襟怀坦荡

黄克诚（1902—1986），湖南永兴人。1927年参加了中国共产党，曾参加过北伐战争。建国后，曾任中央军委秘书长，中国人民解放军总参谋长。

1978年12月，在党的十一届三中全会上，黄克诚被增补为中共中央委员，并当选为中共中央纪律检查委员会常务书记。1982 年，他又担任中纪委第二书记。

黄克诚担任中纪委领导工作之初，他在庐山会议上所受的错误处理尚未得到彻底平反，但他毫不计较。他对一些受过错误处理的同志，抱以极大的关切和同情，总是非常认真地听取申诉，督促有关部门抓紧予以平反纠正，而对于他个人的问题却只字不提。许多人都曾建议他给中央写个报告，要求平反。他却不以为然地说："不必了吧，我现在有工作做就行了"。他虽已 80 高龄，又双目失明，仍竭尽全力为拨乱反正、平反冤假错案、建立和健全党的纪律检查工作、端正党风而兢兢业业地工作。对个人问题，从未提过任何要求。

在一段时间内，党内和社会上曾出现肆意诋毁毛泽东和毛泽东思想的错误倾向。黄克诚于 1980 年 11 月，拖着多病之躯，在大会上发表了长篇讲话，以马克思主义的科学态度，正确评价了毛泽东和毛泽东思想的历史地位和作用，批评了一些人在这个问题上所采取的轻薄态度和不负责任的做法。他的讲话公开发表之后，引起了强烈反响，各地不少同志纷纷给他来信表示敬意。但也有人不解地说："黄克诚没被整死就算万幸了，想不到他还能讲这样的话。"黄克诚听到这种反映之后，非常严肃地说："只要我还能讲话，就要这样讲。对于这样一个关系重大的原则问题，每一个真正的共产党员都必须采取严肃、郑重的态度，决不能感情用事、意气用事，不能从个人的恩怨和利害得失出发去考虑问题，更不能对历史开玩笑!"表现了一个真正共产党人纯洁的党性和高尚大度的情怀。

黄克诚对于自己历次所受到的不公正待遇，从未流露出一句怨言和不满。庐山会议后，他被罢官的时间近二十年。可是，无论是对家属，还是亲朋好友，他始终不肯吐露庐山会议上的任何情况。在他晚年时，党史资料征集部门纷纷登门访问他，请他讲一讲庐山会议的细节，他都一概谢绝。当有人在他面前提起这些往事而为他深感不平时，他却说："作为一个共产党员，个人在党内受点委屈算不得什么了不起的事，这比起我们为之献身的共产主义事业来，实在是微不足道。在党的历史上，有多少无辜的好同志含冤死去，他们连全国胜利这一天都没能看到，我今天能活在世上，比起那些早死的同志，实属万幸！彭德怀同志功劳比我大得多，可没等到粉碎'四人帮'就含冤九泉。比起彭老总，我也很知足，还有什么委屈和不平可言？"

黄克诚就是这样严以律己，宽以待人，表现了一个无产阶级革命家的伟大胸怀。

58. 陈赓严守军纪

陈赓，抗日战争时期，任八路军 129 师第 386 旅旅长。

1938 年秋天，太行抗日根据地刚建立不久，日本鬼子就到处进行疯狂的"扫荡"活动，想要消灭这一带的八路军，摧毁年轻的抗日政权。

当时，在山西武乡县宋家庄一带坚持抗击日寇的是 129 师 389 旅，旅长是陈赓将军。开始的时候，陈赓将军就住在宋家庄，后来，由于战斗越来越激烈，敌人一天天逼近宋家庄。为了避免不必要的损失，乡亲们进行了坚壁清野后，转移到其它地区，部队也陆续向山区移动。

有一段时间，粮食接济不上。因此，上自旅长，下至普通战士，有时竟两天多没有吃上一顿饱饭。

旅部的周管理员见到首长紧张繁忙地工作，那么辛苦，可是却吃不上饭，心里别提多焦急了。他深感自己责任重大，一定要设法

150

保证首长的健康，使他能有充沛的精力指挥战斗。

这一天，陈赓将军正在和参谋等人在军事地图上研究一次反扫荡计划，忽然听身后的警卫员在小声交谈："告诉你个好消息，今天有南瓜吃，是周管理员找来的南瓜。"

陈赓心中诧异，放下手中的工作，跑出了指挥所，去问周管理员：

"喂！这是从哪里弄来的南瓜？"

周管理员忙答道："从村边的一块菜地里。老乡已经收过了，我们拾来的。"

陈赓看了看，果然是两个已经让霜打蔫了的南瓜，但他还追问道："跟谁买的？给钱没有？"

周管理员不好意思地摇了摇头。这下陈赓将军真的生气了，他语气沉重地责备道："谁让你们这样干的？现在每个战士都没有饭吃，大家都在挨饿！我们共产党员的干部又不是军阀，非要人伺候不行？我们是八路军，不是土匪，怎么能随便拿老百姓的南瓜？'三大纪律，八项注意'哪里去了？"

这时候，一些干部战士围了过来，大家都知道陈赓的纪律观念是很强的，就纷纷为管理员求情。陈赓对劝阻的人说："处分是一定要给的！我知道这里没有老百姓，可按你的说法，没有老百姓的地方，我们就可以违犯纪律了？"

"不！那当然不能……"

"说的对，败在日本鬼子手里还可以挽回，如果是败在老百姓面前，那就没法挽回了！"陈赓挥了挥手臂，提高了声调说："同志们，咱们一定要记住党中央毛主席的教导，只有在群众纪律上不吃败仗的军队，才能在凶恶的敌人面前取得彻底胜利！"

陈赓将军慷慨激昂的谈话，使在场干部战士深受教育。那次反扫荡，很快就取得了粉碎日寇进攻的胜利。

59. 刘亚楼积极参加支部活动

刘亚楼（1910—1965），福建武平人。1929年加入中国共产党。建国后任党中央委员、空军司令员。

他工作十分繁忙，身体又不太好，他所在的党小组的同志们为了照顾他，就少让他参加一些会议，有时过组织生活也不告诉他，让他能有更多的时间休息。刘亚楼理解同志们的心情，但他认真地告诉大家："我是个共产党员，应该参加支部活动，不能有任何特殊，而且中央有规定：'从中央委员以至每个党委的负责领导者，都必须参加支部组织，过一定的党的组织生活。今后，凡是开支部大会、小组会，都一定要通知我。'"

一次，支部通知他8点开会，碰巧空军党委常委又定在8点半开会。两个会相距时间很短，可刘亚楼还是先参加了一段支部大会，并在会上发表了自己的意见，然后再向支部请假，去参加常委会。

1959年初春的一个晚上，空军直属机关某支部要过一次组织生活，时间定在7点。离开会时间还有20多分钟，支部书记就往会场走去，他要布置一下会场。他边走边想：刘亚楼同志今天晚上能参加会吗？

原来，当支部书记在下午请刘亚楼的秘书转告刘亚楼晚上过组织生活时，刘亚楼正在参加空军党委常委会议，会议开到6点半才结束，支部书记看到刘亚楼刚乘车回家吃饭，所以担心他赶不回来开会。但马上他又否定了自己的估计，他知道刘亚楼是一位组织纪律性很强的领导者，只要秘书告诉了他开会的时间，他一定会按时到会。

果然不出所料，支部书记一进会场，就看见刘亚楼正坐在那里翻阅文件，准备开会。支部书记看了看表，才6点40分。他很不安地走到刘亚楼身边："司令员同志，您还没吃晚饭吧！"

刘亚楼抬头望了望支部书记，微微一笑，没有说什么。

还是身边的秘书忍不住，心疼地告诉支部书记："常委会才结束，我想让司令员回家吃饭，就没通知他晚上开会的事。等到车开到半路我才告诉他。司令员批评了我，一定要司机调头往回开。我劝他吃过饭再去开会，他却说：'那怎么行！吃饭晚一点不要紧，参加党的会更要紧'。就这样，司令员第一个赶到了会场。"

听了秘书的讲述，支部书记心情十分激动，他不禁想到，刘亚楼是个职务很高的领导同志，不仅能按时过组织生活，而且一向都以普通党员的身份出现在会场上。有一回支部大会，当他进入会场时，大家都十分尊重他，自动站起来表示欢迎。见此情景，刘亚楼 马上摆手阻止了大家，说："这是党的会议，我们都是普通党员，没有上下级之分。"当有的同志称他作"刘司令员"时，他立刻纠正说："在支部大会上，我只是一个普通党员，应该叫我刘亚楼同志，这是最亲近的称呼。"刘亚楼经常参加组织生活，十分注意听取意见，并能积极发表见解，使基层组织的会议开得特别活跃，讨论得也很深刻，比较客观。

这时，支部书记又看了看表，7点整，同志们都准时到会了。他望了望端坐在那里的刘亚楼，怀着兴奋的心情宣布："支部大会准时开会。"

60. 许建国严教侄子

许建国在上海担任市委书记时，曾兼任上海市公安局长。他执法严明，从不姑息任何人。

他有个侄子，有段时间不务正业，和社会上的一些不三不四的人鬼混，干了一些坏事。他自恃叔叔是公安局长，以为公安部门没人敢管他。民警管教他，他根本不听。许建国知道后，十分恼火，立即把他找来，狠狠地训斥了他一顿，告诉他马上到派出所去主动交代问题。随后，他亲自打电话给派出所所长说："我们是执法者，必须带头守法，如果执法违法，又怎么能取信于民呢？正因为他是我的侄子，就更要从严处理。"

在许建国的坚持下，公安局把他的这个侄子送进了管教所。有些亲属因此对许建国很不满意，认为只要他说句话，孩子就没事了。事后许建国又找孩子们谈话，他说："不要以为我是市委书记、公安局长，你们就可以高人一等，你们也是社会普通一员，并没有什么特殊的地方。"

1958 年，他的大儿子准备考大学，秘书起草了一封要求组织照顾的信。许建国知道后立刻加以制止，并且批评说："这样不好，考大学要凭本事，考上就考，考不上就去做工嘛！"后来，他的大儿子果然硬是凭着本事，考上了大学。

几年后，大儿子从北京航空学院毕业。当时，许建国已经出国任大使。他的女儿和小儿子希望哥哥能留在北京照顾弟妹，联合给父亲写信，要求他向有关方面打个招呼，在分配时给些照顾。谁知，许建国回信，严厉地批评了他们，教育子女当个人和国家利益发生冲突的时候，一定要以大局为重。结果，他的大儿子服从统一分配，高高兴兴地离开北京去外地工作。

许建国还十分注意对孩子们进行艰苦朴素的教育。有一次，全家吃早饭时，不满 *10* 岁的小儿子把一大截红薯扔掉了。许建国看到了十分严肃又十分耐心地说："你们不要因为今天有吃有喝就大手大脚。我们长征过草地时连皮带都吃光了，为了坚持战斗，我们把前面走过同志粪便里没有消化的青稞都一粒一粒地拣了出来，洗一洗再充饥。现在连红薯都咽不下去吗？你们要珍惜别人的劳动成果，要养成艰苦朴素的劳动习惯。"小儿子听了，红着脸把扔了的那一大截红薯从地上拾了起来。

他在国外工作了8年，从来没有买过什么贵重的物品。有一次，孩子要他从国外买手表，他指着自己手上戴的上海表，语重心长地说："你们不知道，在国外，我为能戴上一块国产手表有多么自豪，我经常把它出示给外国朋友看，你们不要看不起我们自己国家的东西。再说，当前国家外汇紧张，要把外汇用到国家最需要的地方去。"

在许建国的教育和影响下，他的孩子都衣食俭朴，对自己要求严格，成为国家有用的人才。

61. 郭沫若"负荆请罪"

郭沫若（*1892—1978*），四川乐山人，中国现代杰出的作家、诗人、历史学家、剧作家、考古学家、古文字学家、著名的社会活动家。著有诗集《女神》，历史剧《屈原》、《虎符》、《棠棣之花》等。郭沫若学识渊博，才华横溢。他是继鲁迅之后中国文化战线的一面光辉旗帜。

作为著名社会活动家的郭沫若，同鲁迅一样，始终站在新文化运动的最前列。学生时期就因闹学潮被开除，为此引出一段负荆请罪的故事。

1939 年 *3* 月初，郭沫若乘坐飞机由重庆回故乡东山沙湾探亲。在县城，他打听到中学时期的老师帅平均还健在时，当晚便叫堂侄陪他前去探望。正当帅老师对郭沫若的来访感到惊愕时，郭沫若"扑通"一声跪倒在地，向老师请罪。

155

　　郭沫若的负荆请罪是有缘由的。帅平均老师留日归国后，曾担任过郭沫若的国文教员兼授东洋操。后来，郭沫若因参加学潮被开除离校，帅老师是力主开除郭沫若的关键人物。因此，郭沫若对帅老师极为不满。他在《我的幼年》里，讥讽帅老师是一个只懂东洋操的冒牌留学生。这可惹恼了帅老师。从此，只要谁提到郭沫若这个大文豪，他便大动肝火，骂他是"叛逆"。郭沫若的大哥郭开文，为此写信批评他不该以文毁人，何况又是师长呢。郭沫若认识到自己言辞偏颇，便在再版的《革命春秋》中删去了讥讽老师的那段文字。他决定，此次回故乡，先向帅老师"负荆请罪"。

　　学生跪地请罪，感动得帅老师涕泪俱下。于是，师生重归于好，畅谈了别后之情。

　　战国时期，曾经有个廉颇负荆请罪的故事，在中国近代，又出现了郭沫若"负荆请罪"的佳话。廉颇、郭沫若严于律己，宽以待人的精神都值得我们学习。

62. 胡适宽以待人

　　胡适（*1891—1962*），原名胡洪骍，字适之，安徽绩溪人，现代著名学者、诗人，曾任北京大学校长。

　　胡适的许多优秀品格，鲜为人知。他在同鲁迅交往中所显示出的宽宏大度，即是一例。

　　20 年代初，胡适与鲁迅同是新文化运动的主将。他们共同倡导白话文，共同倡导新文学，成为新文化的奠基人。

　　胡适发表《文学改良刍议》，为新文学理论鸣锣开道；鲁迅发表《狂人日记》，为新文学创作举旗示范。在中国古典小说研究方面，他们也互相借鉴和研讨，互相支持和鼓励。鲁迅出版了《中国小说史略》，胡适出版了《中国章回小说考证》。鲁迅赞扬了胡适的《中国章回小说考证》，胡适也赞扬鲁迅的《中国小说史略》是"开山的创作"。

他们之间也有过"冲突"。

20 年代，"北京女子师大事件"爆发后，现代评论派陈西滢支持官方，站在了革命学生的对立面，鲁迅给予有力地回击。胡适是现代评论派的首领，鲁迅在抨击陈西滢时，也捎带讥讽了胡适。胡适未对鲁迅反诘，更没加入论战。

1931 年，胡适拜见了蒋介石，又与进步的中国民权保障同盟发生了分歧。鲁迅在《王道诗话》、《出卖灵魂的秘诀》中，对胡适进行了辛辣的讽刺，胡适也没有公开答辩或反击。

1936 年，鲁迅逝世，胡适参加了鲁迅纪念委员会，还为《鲁迅全集》的出版奔走。鲁迅夫人许广平大为感动。

胡适的学生苏雪林，受陈西滢思想影响，在鲁迅尸骨未寒时，要"向鲁迅开战"。胡适给苏雪林写信，劝他停止对鲁迅的攻击，让苏雪林劝陈西滢洗刷泼在鲁迅身上的污秽。

1962 年，胡适逝世。在他数百万字的著作中，没有发现一句责难鲁迅的话。

作为新文化运动主将的胡适，这种宽宏大度的品格，的确是难能可贵的。

63．喻杰甘当公仆

喻杰，1930 年参加中国工农红军第五军，并加入中国共产党，转战在湘赣鄂苏区。在举世闻名的长征中，他担任红二方面军六军团供应部长。全国解放后，历任西北军政委员会贸易部长兼农业银行行长、中央粮食部副部长、中央商业部部长、中央监委驻财政部监察组组长。

1969年，年过古稀的喻杰，面临人生的又一次选择：继续留在财政部做些力所能及的工作，按常理并不过分；或者找个交通便利，山清水秀的疗养胜地安度晚年，也近情近理。

这两者，喻杰都没有考虑。他想到我国历代武将解甲归田，文官告老还乡的传统，想到共产党员的责任。他说："我们共产党人，本来就不是为了做官，而是人民的公仆。"他坚决要求回乡安家落户，在家乡做些力所能及的事情。1970年元月，他得到周总理的批准，带着两个孩子和两个铺盖卷、两只旧箱子、一架旧缝纫机，回到了他的家乡——四川省平江县丽江村，开始了他晚年的生活旅程。

按规定，回乡后喻杰仍可享受种种优厚待遇，住楼房，坐小汽车，过比较舒适的生活。然而，他却选择了普通农民的生活，住进了家乡的百年老屋。

七年后，一场滂沱大雨，使他的土屋随时都有倒塌的危险，他才不得不决定盖新房。新房盖在何处？喻杰发现，横圳村是全丽江大队最穷的山村，那里沟壑纵横，山多田少，土地瘠薄。他不顾亲属的反对，毅然从丽江村这个"米筐"里，跳到横圳村这个"糠箩"中，自己出钱在坡上建起一幢普通的农舍。

喻杰回乡后，说的是家乡话，吃的是家乡饭，常和儿孙们下田、种菜、养猪、放牛、看场、割草……

1984年，上级给他配备了一辆上海牌小轿车，他把小轿车交给老干部局。他自费盖房，财政部补助他1500元，他分文不收。他是全国五届政协委员，全国政协分配给他一台彩电，他原封不动退回。

平江县的领导考虑到喻杰年高体弱，便在县城分给他一套五室一厅的住房，还准备安装空调。喻杰说："山里还有人吃不饱肚子，你们还安装什么空调！不住！"县里领导说："不住城里，就给你配

158

一名保健医生吧?"他说:"让医生给群众看病发挥的作用更大嘛, 不要!"

对儿孙后代, 他要求十分严格。喻杰告老还乡以后, 他就对儿孙们说:"你们不要盯着我手里的钱。共产党的儿孙不能什么都靠老子, 娇生惯养, 当寄生虫。"小儿子力光请爸爸买块手表, 喻杰没有给钱, 而是安排他到农场劳动, 挣回 100 元, 喻杰才把自己的手表给了力光, 自己花了 50 元买了一块怀表。

喻杰的生活这般节俭, 他的钱干什么用了呢? 生产队缺耕牛无钱买, 他送去 1000 元; 修保管室, 他给了 600 元; 队里修机耕路, 他给了 200 元为民工改善伙食; 有个妇女难产需急救, 他给了 60 元; 一家农民遭了火灾, 他送 50 元救急; 当地维修中学校舍缺少经费, 他捐献 500 元; 家乡集资办电, 他更是慷慨解囊, 捐出 14900 元……

1989 年 2 月 4 日, 这位为革命和建设事业奋斗了四十多年, 又在晚年时和家乡人民同甘共苦, 励精图治 18 年, 洒尽了最后一滴汗水的老干部, 在自己亲手建起的农舍中与世长辞了。

如今的丽江, 山上林木葱茏, 油茶飘香; 山下绿水悠悠, 稻浪翻滚; 村内外电线纵横, 农副产品加工机械飞转。昔日贫苦的山民们, 如今有了电视机、录音机、电风扇……乡亲们谈起这位劳苦功高的老红军、老部长回乡 18 年的作为, 无不交口称赞:"瑜老是一位真正的共产党人, 是实实在在的人民公仆。"国家主席李先念赞扬他"保持了革命精神和共产党人的高尚品德。为我们离休和将要离休的老同志作出了表率。"

64. 马祖光甘当人梯

马祖光是中国一位名列《光学科学与工程世界名人录》的著名

科学家，哈尔滨工业大学教授。在激光领域里，马祖光以自己的智慧和勤奋，取得了令人瞩目的成就，在培养年轻科技工作者中，他谦恭礼让、甘为人梯而赢得了人们的尊敬。

"文化革命"中，马祖光因受到极"左"路线的迫害而被关进了"牛棚"。1970 年，他刚从"牛棚"出来就着手创办学校的激光专业。那时，环境还十分艰难，他一面忍受着"造反派"的冷待，一面还承受着病体的折磨，把能归自己支配的时间全部投入到了图书馆。凭着精通的英、俄两国语言，埋头地翻阅文献，查抄资料。一天、一月、一年、两年，他不停地用笔摘抄，用透明纸描图，积累了厚厚的几十本资料。

"文化革命"结束后，迎来了我国科学的春天。许多教师和研究生纷纷向他请教，有的还索要资料。马祖光感到心里非常高兴，每次都会毫不保留地拿出全部资料，供大家研究参考。大家对他这种和盘端出自己多年积累的资料，都非常感动。而马祖光却说："那是我的心血，但不是我的私人财富。在科学的道路上需要人梯精神。"

哈工大激光教研室研究的课题，大都是马祖光在原联邦德国工作的继续。室内的教师和研究生都是根据他提出的研究方向选定课题，并在他的定期检查、亲自指导下工作。四年中，他发表近 20 篇论文。按理说，这些论文都是以他为主取得的成果。但每篇论文署名时总是：别人把马祖光排在第一位，马祖光立即勾到最后一位，改过来，勾过去，反复多次。最后经马祖光把关发稿时，马祖光仍是排在最后。

《紫外激光激励纳＝聚物的 2：50—2：56 微米激光振荡》是根据马祖光的理论首先发出激光，属于世界前沿的重大成果。马祖光决定让讲师刘国立到全国激光研究会上去宣读论文。刘国立到会后，接到后寄来的论文稿，才知道马祖光把原先定好的署名顺序改了，刘国立排在了第一位，马祖光仍然在最后。刘国立只得在会上更正。

回到哈尔滨，刘国立埋怨马祖光说："您怎么不尊重大家的意见呢?"马祖光笑了笑，十分恳切地说："你们做了大量工作，成果应该是你们的。"

有人不解地问马祖光："你在国外把名看的那么重，在国内却看得这么轻，为什么呢?"

"在国外，我是要争，因为我争的是国名;在国内，我是要让，因为我让的是个人名。"

大家看到马祖光总是把自己积累的资料和研究的成果让给了别人，有人说他是"太软"，有点"傻"。马祖光却风趣地说："楚人失马，楚人得之，都在中国，还不能算失。"大家对马祖光坦荡的心胸以及甘当人梯的精神都十分敬佩。

65. 彭一先人后己

彭一是山西省话剧院院长、党总支书记。在 40 余年的岁月里，他全身心地把一切都献给了人民的文艺事业。不管遇到什么样的情况和困难，他都坚持贯彻党的文艺方针，为文艺事业的繁荣执著地追求，辛勤地耕耘，默默地奉献，被人称为文艺战线的焦裕禄。

在彭一心中，有他自己信奉的一条真理："党的威信往往是从牺牲个人利益开始的!"几十年来，他这样想、这样说，也这样做。

1979 年，在省话剧院拥挤的院落里，终于盖起了一幢房子。动迁户主动提出，盖一幢房子不容易，应让彭一和那些从战争年代过来的老革命、老同志先住新房。彭一却动情地说："咱话剧院终于有了自己的宿舍楼，还是应该让动迁户先住，我那旧房子还能住，就不搬了。"不久，话剧院又盖起了一幢宿舍楼，彭一还是先人后己。当别人喜迁新居以后，他仍然全家 8 口，四世同堂，挤在一套三居室的旧房子里。院里其他同志因大儿大女造成住房困难的，他都想办法进行调剂，唯独他自己家里的困难，从来不提。

1989 年，彭一的大女儿彭红大专毕业，因找不到工作，只好在外单位干临时工。话剧院的第三产业安排了本院十几名子女，却轮不上她。彭红一气之下，在家里绝食了 3 天。彭一感到亏待了女儿，晚上独自坐在办公室里，不由想起了女儿小时候的一件事。

有一次剧院去南宫演出，女儿搭了演员乘坐的车，被他狠狠地训了一顿："这车是让演员坐的，你可以步行走回来。"女儿委屈地哭了，抹着眼泪说："爸爸，我一个人走夜路害怕……"

想到这里，联想起女儿的工作，彭一鼻子一酸，眼泪不由地掉了下来，对着窗外的星空，说："孩子，爸爸对不起你，可爸爸是共产党员，你能理解爸爸吗……"

后来，彭红终于慢慢地理解了父亲："一个共产党员的女儿，也应该做出牺牲。"在待业一年多以后，才找到了一个离家很远的单位上班了。

彭一还对自己有一条不成文的规定："对工资以外应该得的钱分文不取。话剧院开辟电视剧业务以来，先后拍摄过几十部电视剧，每一部都有彭一的心血和汗水，可彭一在一份份领款单上都是挥笔写上"充公"两个字。几年来他付出劳动应得的稿酬就有一万多元，全部充了公。

彭一该装腰包的钱不装，但要他往外掏的时候，他倒很大方。自从国家开始发行国库券，他每次认购额都是全院最高的，一报就是 250 元。回到家里老伴半开玩笑地说："你怎么这么傻，真像个二百五。"老彭听后笑了，以后索性每次报了 300 元。此外，不论院里院外，凡谁家遇到困难，他都主动解囊相助。

80 年代，家用电器开始进入千家万户，话剧院已有 65% 的家庭都看上了彩电，用上了洗衣机、电冰箱，有些同志还购买了录像机，组合音响。然而在彭一的家里，仍然摆着50年代的陈旧家具，唯一的现代化用品是一台14英寸的黑白电视机。小舅子送给彭一的劳动布工作眼，他一穿就是十几年。一双旧皮鞋，已经到处裂口了，他还蹬在脚上。

人们说：彭一是最普通却又是最高尚的人，是最无情却又最有情的人，是最贫穷却又最富有的人！

66. 郭新吉不搞特权

郭新吉，安徽省原凤台县委书记。他几十年如一日，带领全县人民艰苦创业，使凤台县的面貌发生了翻天覆地的变化。安徽省委授予郭新吉"焦裕禄式的好干部"的称号。

郭新吉对待自己的子女和亲属奉行的一条原则就是："谁当郭新吉的亲属，谁就没有享受在前的权利！"

郭新吉初到凤台时，老伴和几个孩子都没有工作，全家仅靠他一个人的工资生活，经济上相当拮据。有关部门考虑到他的实际困难，想给他老伴安排干临时工。郭新吉知道后制止说："我老伴不识字，不够条件，不能因为我是书记就照顾她。"

郭新吉的大女儿郭英，小时候是个听话乖巧、聪明过人的好孩子。然而，"文化大革命"一场浩劫，把小郭英毁了。那时在阜阳任县委书记的郭新吉被打倒。看到父亲三天两头被批斗，戴高帽游街，小郭英惊惧万分。在家她要经常帮父亲抄大字报，在外面还要忍受别人的辱骂，由于幼小的心灵承受不住这样的重压，小郭英患了严重的精神分裂症。打那以后，郭新吉忧虑郭英的病情，一个人常常偷偷地掉泪。组织上考虑到他女儿的病是由于历史原因造成的，便为郭英解决了一个编制，让她挂名领工资。郭新吉知道后，三番五次到这个单位申诉说："郭英没有工作能力，不该让国家白养活。"一次不成，两次；两次不行，三次，直至把对方说烦了："郭书记，我们给郭英发工资，没啥动机，不是巴结你县委书记！"郭新吉苦笑着赔不是："组织上的心意我感谢，但郭英没能力，就不能拿这份钱，我是她父亲，这个负担应该我自己背。"就这样，他把郭英的名字从工资表上划掉了。

郭新吉有个六弟，叫郭明吉，从小就跟郭新吉长大。小时候，在太行山区，一只狼袭击了郭明吉，郭新吉把他从狼口里救出来时，小明吉的脸已被狼撕下一块肉，留下块大疤痕。一直到70年代，年龄已经很大的郭明吉才娶了个农村姑娘。郭新吉一直对六弟怀有内疚。1973年郭新吉调凤台时，有人出于同情心把郭明吉爱人的户口从农村转到城镇。郭新吉发现后，立即到公安部门作了检讨，并亲自在弟媳的户籍表上签了"予以注销"的批示，同时在县委大院门口张榜公布。全县干部对郭新吉心服口服，但老伴却与郭新吉大吵了一场。就在这一年冬天，弟媳与六弟离了婚。郭新吉虽心如刀割，但他对老伴和六弟讲："我不能因为是领导就以权谋私。你们平时不是也恨这种风气吗？我若也这么搞，你们恨不恨？你们不恨群众恨！我给你们一句话：谁当郭新吉的亲属，谁就没有享受在前搞特殊的权利！"

67. 李志军的"约法三章"

李志军，是中国人民解放军某部排长，1981年，因在一次排险中负伤，双目失明。这位年轻的共产党员，没有因此而消沉、退缩。他凭着一颗赤诚的心，坚持自学成才，又在人生的道路上，留下了一串串闪光的足迹。

李志军在负伤失明之后，部队安排他回地方休养。对他来说本可以心安理得地依靠国家供养，然而他却凭着坚强的决心和毅力，历尽艰辛地到处拜师学艺，终于在医道上功成名就，掌握了一套为人治病的本领。这时的李志军，也本可以在家坐等患者登门求医，他却又毅然回到部队，带着他的医术，也带着他的理想，重新走上了更广阔的为人民服务的天地。

自 1981 年负伤后的十余年间，他始终遵守着为自己订的约法三章："一不要给部队添麻烦；二不要向父母伸手；三不是委屈孩子。"

一次，他把妻子叫到跟前，一番话道出了自己的心声和胸怀：

"现在，我原先的部队正在老山前线打仗，我是个军人，却不能拿枪上前线，如果再提这提那，我怎么配穿这身军装！

"爸爸妈妈生我养我，我又为他们做过什么？知道我负伤失明，爸爸的一只耳朵一下子就聋了，妈妈从此落下了高血压病。要是让他们知道我们老犯愁，他们的晚年能过得安稳？

"还有亮亮。他刚会走，你就教他怎么给我这个爸爸带路。将来，他比别人负担重，我们不能再对不起他！

"我欠的债太多了——部队的、父母的、你和亮亮的。这辈子努力还吧。"

李志军的话真挚、深沉，李志军的行动更坚定认真。他是因公致残，医疗费本来可以由国家负担。可他一连 6 次去各地求医，只让报销了一次路费，自己却掏了 3300 多元。为学成一技之长，买书、买学习用品花了 3000 多元，从未向部队提过。他的父母是离休干部，非常关心李志军的生活，愿意帮助他们，可李志军却从不让老人知道他们的难处。

1987 年，李志军和几十个盲残战友一起在京华医科大学学习，住的是个半地下室，缺少阳光，下水管道还时常堵塞，臭水溢流屋内。有位记者采访，见此情况非常生气，拍了照片登在报纸上，说明词的标题是：《共和国请不要忘记他们》。李志军很感谢这位记者的好意，但他对同学们说："共和国没有忘记我们。我们这个班，是国家支持办的；我们的学费，是国家掏的。要我说，我们也不能忘记共和国。国家这么大，又不富裕，总会有事办得不周全。我们要理解国家，理解社会，理解生活！"后来，有一篇报道说李志军是自费上学，他一有机会就出来更正。他不允许共和国给予他的爱有一丁点儿被人遗忘！

68. 李双良——中国治理环境第一人

山西太原钢铁公司李双良，被人们誉为"中国治理环境第一人。"他受到联合国环境规划署的表彰，被列入 1988 年 6 月 5 日——"世界环境日"公布的在环保方面取得成就的荣誉名册。

1983 年春节后，李双良带领他的一群伙伴，用不到 5 年的时间，把太原钢铁厂近半个世纪以来堆起的一座占地 2 平方公里（相当于一个中等县城）、最高处达 23 米（相当于 7 层大厦）的废渣山，搬走了 4/5，而且每年通过回收废钢铁创造了百万元以上的经济效益。

李双良所以做出了惊人的成就，是因为他对事业具有高度的责任感，也是因为他善于同情人、理解人和团结人。

当他开始治渣不久，蹲过拘留所的王彪来报到了。

"你有什么困难尽管说，咱渣场给你解决。"李双良把他叫到办公室。

"我欠下人家 280 块钱，吃饭钱都没有了。"王彪坦率地回答。

"一天要多少？"

"七八元就行了！"

"这 40 块钱给你当饭钱，欠下的列个单子，让要账的来找我！"

干活没到一个月，一封奶奶病重的电报又给王彪打来。王彪没有勇气再去找领导。工地上，李双良一把拽住了他："咋啦?"

"我回不去。"王彪无望地摆摆头。

"这100块钱，买张车票，再买件衣服换上，剩下的钱留给你奶奶死后安葬用。看病治疗花钱，咋花的带个证明回来。"

打那以后，王彪成了工地上的一员猛将。

李双良承包了渣山之后不久，听说要把张迷狗给分来，可接到通知，却迟迟不见人来报到。原来这人曾在"文革"中打过李双良，以后见了他就躲着走。这次分到李双良手下他不想来，又不能不来，心里非常苦恼。李双良却找上门，坦诚地对他说："运动搞错了，责任不在个人，你放心来工作，怕什么!"后来，正巧场里一个老钳工组长退休，李双良又提议让他接替。张迷狗找到李双良说："做梦也没想到你能这样待我!"

人们称赞李双良看得开，有度量，姿态高。其实，他一不是故作姿态，二不是施舍感情。李双良是实实在在地待人。他心里想的是：我们为了治理渣山走到一起，汗往一块流，劲朝一处使。在美化环境，创造未来中也改造自己，以前的恩恩怨怨哪有工夫去想!和即将变成现实的前景比起来，那些又算个啥!

69. 鲍江兮 "宁让权作废，不让权滥用"

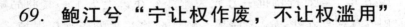

鲍江兮，中国农业银行凤城满族自治区支行行长，党委书记。全国金融系统劳动模范。

鲍江兮一生严于律己，清正廉洁。他以一个执政党党员的高度责任感发誓要 "为党添彩，不为她抹黑。"

与 "有权不用，过期作废" 的言词针锋相对，鲍江兮有着自己的信条："宁让权作废，不让权滥用。"他担任银行领导以来，从未批过一笔人情贷款。

1985 年，鲍江兮的一位至亲从外地来找他，借款数万元做买卖，这件事鲍江兮可真为难了。这位至亲曾对老鲍及其家有过很多帮助，按鲍江兮的为人之道，滴水之恩当涌泉相报，但以党权报私恩，非理也。鲍江兮好言相述，好酒相待，但款还是不能贷。

鲍江兮一家从 1956 年起，就住着凤城镇翰墨里胡同一座连厨房在内 21 平米的房子。多年来四世同堂，老少五六口人挤在一起。房子外高里低，伏天地上渗水，寒冬墙上挂霜，暴雨天大水曾几次冲进屋内没了炕。

1981 年，行里买了一些住房，想给他调换一下，可他想到自己是副行长，让了。这是第一次。

1984 年，县农行盖了一幢宿舍楼。职工、邻居都说："老鲍家可要熬出头了。"家里人几次悄悄去"欣赏"新房。可到分房时，看到一部分同志困难仍不能解决，鲍江兮打消了要房的念头，明确表态"这次新楼坚决不要，再等下班车。"全家人想不通，他就耐心地解释。妻子、老母的工作一一做通了。当行领导来征求意见时，老母慨然地说："就按江兮意见办吧！他是党员，是领导，不能只想自己，让大家戳脊梁骨。"这是第二次。

1986 年，省农行特批三万元为鲍江兮在镇上买了一套商品房。这时恰好县行又在建一幢家属楼，鲍江兮将买妥的商品房退掉，把这笔钱投入盖家属楼。这是第三次。

鲍江兮就是这样一次一次地让着，一直等到末班车。1988 年，县行宿舍楼竣工，全行所有的无房户都解决了，他才结束了在 21 平方米的小房中居住了 32 年的历史。

"花公家钱仔细些，花自己钱大方些。"这是鲍江兮办公桌玻璃板下的字条。

在鲍江兮看来，我们干工作，党已给了报酬，怎么还能拿不属于自己的票子呢？因此，他不仅不取不义之财，就是一些规定中可取之财也没有装入个人腰包。

1988年，县农行完成承包任务。丹东市行和凤城县政府分别奖励1000元和450元，都被他充入行长福利基金。他认为，成绩的取得是全县行"八百壮士"的努力，账记在集体名分上合情合理。

稿酬是个人的心血费，鲍江兮却大多用于公事。"三·八"节，他拿出200元献给了县行机关的"半边天"。

鲍江兮曾说："儿女的路应该由他们自己闯，不能靠沾父母的光过日子。"他的行动兑现了这句话。

儿子插队四年，凭自己努力考上技校，毕业后分配在离家200里远的山沟里，当了汽车修理工，娶妻安家。祖母不忍心让孙子远离家乡，偏居山沟。1985年，县行一位领导体谅老人心意，亲自出面联系，拟采取串调方式，将他们夫妇安排在兄弟银行。当一切手续办妥后，才通知了鲍江兮。但鲍江兮为了避免给工作造成不良影响，退回了那个过五关、斩六将才办全的调动手续。儿子儿媳至今仍然留在那山沟里。

长女新时，曾因煤气中毒，吃药不慎，得了后天性心脏病。下乡整整七年，最后一批回城，先做临时工，砸石头子儿，1976年才到县自来水公司当了一名大集体工人。鲍江兮任行领导后，工友们撺掇新时往银行调。新时深知爸爸的为人，也体谅爸爸的难处，不企求去坐农行那把椅子，但因体弱多病，曾多次求爸爸帮助调换个稍轻快的工作。为这事老母和妻子多次苦求过鲍江兮，老友曾热心相劝，鲍江兮也思前想后，但他恪守"宁让权作废，不让权滥用"的信条，直到女儿病逝，也没有答应她的请求。

有人说鲍江兮克己舍家，甚至近乎不通情理。他想的是"等到那一天去向马克思报到的时候，扪心自问，一生无愧于党。"

70. 史来贺带头吃亏

史来贺是河南省新乡县七里营乡刘庄党总支书记。他 4 次被评为全国劳动模范，9 次见到了毛泽东主席，14 次进京观礼，多次受到周恩来、刘少奇、朱德、陈云、邓小平等老一辈无产阶级革命家的接见。在他的带领下，刘庄也成为闻名全国的社会主义新农村的典型。

1990 年初，中共中央组织部将他的名字与雷锋、焦裕禄、王进喜、钱学森列在一起，誉为解放 40 年来在群众中享有崇高威望的共产党员的优秀代表。

史来贺常说："当干部是为群众谋利益的，不光要劳动带头，吃亏也要带头。"40 年来，他一直把这句话作为自己的座右铭。

筑黄河堤，史来贺带领民工吃住在工地，一干就是 3 个月，回来瘦掉 10 斤肉；堵河口，他带头跳进刺骨的冰水中……

1963 年 8 月，他父亲病故。当时正遇上一场暴雨，庄稼泡在 2 尺多深的水里。他推迟了父亲的安葬日期，扛起了铁锹，带领社员下地排水。直到排完积水，才办丧事。

实干，他带头；吃亏，他也带头。刘庄每年收入几千万元，可史来贺仍然处处打紧开支。药厂扩建时，提取车间需要增加 24 个提取罐，派人去购买，一个就要 3.8 万元，史来贺嫌太贵，决定由本村机械厂加工制造，只用了 15 万元，一次就为集体节省了 76 万多元。

他到外地参加一个会议，会上发了件上百元的纪念品，并开出发票回单位报销。老史觉得这是损公肥私，当场退回了纪念品。

史来贺当干部以后，前 13 年，一直是按群众平均水平拿工分。

170

上级规定给党支部书记和干部的补贴工分，他一分也不要。*1965* 年，他开始拿国家干部的工资。当群众平均收入比他低的时候，他又把工资全部交到队里，按劳力平均水平参加集体分配。近几年，群众的分配水平超过他的工资收入，他却只拿自己的工资，从来不要村里的任何补贴。村里免费发的十几种福利，别人都有，唯独他一样也不要。

史来贺对"吃亏"问题有自己的看法。他说："当干部要有不怕吃亏的精神，才能干好。但是总的来说，当干部又没吃亏，你想，你带领全村人共同富裕，当大家都富裕了，干部不也就富裕起来了吗!"

71. 瓜瓜脸红了

有个小朋友，他生下来的时候，胖墩墩、圆滚滚的，就像个西瓜。于是，爸爸妈妈便叫他瓜瓜，瓜瓜可爱吃西瓜了。

一天，天热极了，瓜瓜又要吃西瓜。妈妈拿出一个小西瓜，对瓜瓜说："先吃这个，一会儿外婆要来，会给你带个大西瓜哩!"

瓜瓜拿起一块儿，咬了一口。哎，一点儿也不甜。他吃完一块儿，心里生着气，一甩手，把西瓜皮从窗口扔了出去，掉在胡同里的路上了。剩下的几块儿，瓜瓜也扔到了窗外。要是外婆真的带个大西瓜来，那该多好啊! 于是他就趴在窗台上，一个劲儿地往胡同口望着。哟! 来了个人，慢慢地走近了，是一位老奶奶。没错儿，是外婆来了。真的，还抱着一个大西瓜呢!

瓜瓜大声嚷嚷："外婆，我来接你。"说完就连蹦带跳跑下楼。外婆听见了，心里一高兴，加快了脚步。走到垃圾箱旁边，不小心，一脚踩在西瓜皮上，滑了一跤，手里抱着的大西瓜摔了个粉碎。

瓜瓜出了门，看见外婆坐在地上，连忙跑去把她搀起来。他心想：该死的西瓜皮，哪个坏蛋扔的。咦，西瓜皮怎么这么小——坏了，这不就是他自己扔的吗？

瓜瓜吐了吐舌头，赶忙把摔破的西瓜扔到了垃圾桶里。

外婆见瓜瓜这么乖，就不停地夸他是个好孩子。瓜瓜的小脸红红的，他看了看外婆，一句话也说不出来。

72．十二生肖的故事

一天，玉皇大帝要选十二生肖，前十二名赶到天上的动物会中选。

那时候，小老鼠和猫是最要好的朋友。猫让老鼠早上叫它去选十二生肖。

第二天，小老鼠很早就走了，它把猫的嘱托给忘了。结果老鼠得了第一名。猫没有赶上排名，很生气，从此猫见到老鼠就抓。

73．天上掉松子

乐乐是个快乐的小刺猬，他住在一个大树洞里。

一天，乐乐突然想，要是我躺在院子里不用动就有吃的从天上掉下来，那该多好啊！正想得高兴时，突然，天上"噼噼啪啪"地往下掉东西。乐乐爬起来一看，好像是在下"松子雨"。这场"松子雨"让乐乐饱餐了一顿。

第二天，乐乐又躺在了院子里，他心想："也许今天还会下一场

172

'松子雨'呢。如果运气好，没准儿能遇到'苹果雨'呢。"可是等呀等，却一直也没有下。

乐乐正纳闷儿，一只小松鼠从树上探出头来："小刺猬，你好，我是你的新邻居，昨天刚刚搬来。但愿我打扫房间时没有打扰到你。"

小松鼠又继续说道："我不小心把一包发霉的松子掉到了树下，希望没有弄脏你的院子。"

后来，乐乐拉了一个星期的肚子。现在的他天天都认真地干活儿，再也不躺在院子里等天上掉松子了。

74. 美丽的名字

从前有一只公鸡和一只母鸡。母鸡下了一个黄色的蛋，孵出一只黄色的小鸡，小鸡的爸爸妈妈管它叫小唧唧，一家人过着幸福的日子。

谁知天有不测风云，有一次，飞来一只凶恶的老鹰，把鸡妈妈叼走了，从此小唧唧成了没妈的孩子。后来，公鸡领来了另一只母鸡，名字叫科科。母鸡科科下了一个黑色的蛋，孵出一只黑色的小鸡，它说："我们得给这只小鸡取一个又美又长的名字。名字长，会吉祥一些，寿命也会更长些。"

于是它们给小黑鸡取了一个名字叫做：我们的小姣姣蓝眼睛绿嘴壳红冠子飞毛腿机灵的脑袋乌黑的羽毛爸爸妈妈的小宝贝。名字可真是又美又长，害得家人和邻居花了老长的时间才记住。

两只小鸡在一起生活着。小黄鸡老得干活，而小黑鸡呢，谁也不撺它去干活。大家一想到要念这长的一个名字，宁可叫小黄鸡小唧唧来得痛快省事。

"小唧唧，去弄点儿水来！"

"小唧唧，去挖几条蚯蚓来！"

"小唧唧，去捉些小虫子来！"

"小唧唧，把存的米晒晒！"

长名字的小黑鸡一天到晚只顾晒太阳，啥也不干。

有一回，一只狐狸溜进院子里，抓住了小黄鸡，公鸡爸爸忙叫道：

"小唧唧被狐狸抓着啦！"

狗、猪和山羊闻声赶来追狐狸，狐狸吓得忙把小黄鸡放下跑掉了。

第二天，狐狸又来了，抓住了小黑鸡，被母鸡妈妈看见了，它忙叫喊道："我们的小姣姣蓝眼睛绿嘴壳红冠子飞毛腿机灵的脑袋乌黑的羽毛爸爸妈妈的小宝贝被狐狸抓住啦！"

还没等它把这个啰嗦的、又长又美的名字说全，狐狸早已把小黑鸡拖跑吞吃了。结果小黑鸡就因为名字太长太美而落得个短命的下场。

75. 节俭一生的宰相

范仲淹是北宋有名气的政治家和文学家。他一向生活俭朴，为人正直。

范仲淹有四个儿子，受父亲影响，各个喜文善画，富有才气。一些豪门大户非常羡慕，都想把女儿嫁到范家。庆历三年，范仲淹做了参知政事（副宰相）之后，上门提亲的人更是源源不断。

一天，有个人到他家为他的大儿子提亲，想把女儿嫁到范家。那人原以为宰相家里一定十分豪华，吃的、穿的也一定比一般人家好上几倍。可是进门一看，家里陈设十分简陋，既没有富丽堂皇的家具，也没有华丽漂亮的衣服，吃的是粗茶淡饭，穿的是土布衣衫。但那人心想：范家吃穿这样俭朴，一定有不少积蓄，来日方长，和这样的人家成亲定有后福。再说范家孩子个个身体健壮，为人正派，以后肯定都是大有出息的。想到这里，那提亲的人当即答应将女儿许给范家。

范家的大儿子纯佑准备成亲了。女方心想：范家兄弟们多，家底厚实，结婚时应要点像样的衣物家具。如果结婚时不要，等过了门就不好张口了。而范仲淹呢，他再三向儿子交代："现在国家困难，老百姓也很穷，你结婚时不能添置昂贵的家具和华丽的衣服，一定要和普通人家一样，勤俭办婚事。"

不久，范仲淹听说儿媳妇不要什么昂贵的家具和华美的衣服了，但是却要一顶绫罗做的蚊帐。范仲淹听了气愤地说："我家素来节俭，钱财都用来帮助老百姓了，做什么绫罗帐子！"

后来女方提出，既然范家不肯做这样的帐子，我们家自己做一顶好了。

范仲淹还是没有同意。他说："勤俭节约是我的家风，也是做人的美德，我家是不兴讲排场的。就是她家里带来了绫罗帐子，我也不许她挂，不能乱了我的家法。"

儿媳妇听说身为副宰相的范仲淹处事这样吝啬，担心过门后过窝囊日子，心里不免有些担心和犹豫。不久，却有一件事深深地感动了她。

一次，范仲淹派遣他的大儿子纯佑去苏州买麦子。纯佑将买的麦子装到船上，往家里运，走到丹阳，遇到范仲淹的好友石曼卿。石曼卿非常贫困，连饭也吃不饱。范纯佑随即就把全部麦子救助了石曼卿，空着手回到家里。然后，他把事情的经过告诉了父亲范仲淹，父亲对儿子慷慨解囊济贫感到十分满意，连声赞扬："做得对！

做得对!"

儿媳妇听了这个故事，深深地敬佩这父子二人。不久，她一切从简，愉快地嫁到了范家。

76. 千里赴约不失信

我国后汉时有个叫范式的人，他是山阳人，和汝南人张劭是好朋友。两人一同在太学读书，他们的感情很深厚。学成毕业分别时，张劭叹息说："今日一别，不知何日才能相见啊!"范式对张劭说："两年后，我会去看望你的。"于是他们共同约好了两年后相见的日子就分别了。

到了两年后的那天，张劭对母亲说："母亲快准备准备吧! 一会儿范式就要来了。"张劭的母亲说："别傻了，孩子，都是两年前的约定了，再说汝南离山阳这么远，都有千里了，他怎么会来呢?"张劭说："范式是一个守信的人，他一定不会失约的。"没想到，过了一会儿，范式果然风尘仆仆地来了。他到堂上来拜见张劭的母亲，张劭的母亲在心里感慨：天下真有这么讲信用的朋友。

不久，张劭病倒在床上，同郡人郅君章和殷子徵，每天早晚侍候他，张劭叹道："我觉得遗憾的是不能在死之前见我的死友一面!"子徵说："我和君章尽心侍候你，这样都不算是死友吗? 还想求谁做你的死友呢?"张劭说："像你们两位这样的交情，只不过是我的生友罢了! 山阳人范式才是我的死友。"不久，张劭就病死了。

77. 真正的男子汉

一个父亲把自己的儿子送到拳击学校学习拳击，因为他想让儿子成为世界上最强的男子汉。

过了一段时间，父亲很想念自己的儿子，就到拳击学校来看儿子。然而当他走进学校的拳击场时，被看到的一幕吓坏了。他看见拳击师一次又一次地把自己的儿子打倒在地，而儿子必须一次又一次地再站起来。他看着鼻青脸肿的儿子，心里难过极了。

他对拳击师说："我送儿子来这里是想让他变成世界上最强大的人，但是没有想到，在这里，他还是一次又一次被人打倒。我对他非常失望，与其这样，还不如让他跟我回家种地呢！"

拳击师听完父亲的话，对他说："您错了，您根本没有看到您儿子倒下去又站起来的勇气和毅力，打倒别人不难，难的是被别人打倒之后还能坚强地站起来，那才是真正的男子汉！"

78. 信用

有个大富翁乘船渡河，行到中途时，船翻了，他大喊救命。长工听到喊声，划着小船去救他。船还没到，大富翁就大喊："快来救我！上了岸我给你一百两金子。"

长工把他拉上船，送他上岸。但他只给了长工十两金子。长工说："刚才你说给我一百两金子，如今才给十两，怎么能说话不算数呢！"

177

大富翁听了呵斥道："你不过是个长工！一天才能挣多少钱，现在一下子就赚了十两金子，你还不满足？再多说，连这十两都没有！"

长工无奈地摇摇头走了。

79. 盗马

巴格达的哈里发阿尔马蒙有匹千里马。一个叫奥玛的商人路过巴格达，他看到阿尔马蒙的马，羡慕不已，提出用 10 个金币来换。但阿尔马蒙说，就是有 100 个金币他也不换。奥玛恼羞成怒，决定用诡计把千里马抢到手。

奥玛打探到阿尔马蒙每天独自遛马的路线，就选了一个离城门最远、人迹罕至的地方，乔装成病重的流浪汉，躺在路旁。果然，善良的阿尔马蒙看到有人病倒在野外，赶紧把他扶上千里马，打算带他进城治病。奥玛装作有气无力的样子指了指地上的包袱，阿尔马蒙把他的包袱拾起来系在马背上。奥玛又指了指远处的一根木棍，阿尔马蒙以为那是流浪汉的拐棍，忙转身去捡。奥玛趁机夺过缰绳，纵马往相反的方向奔去。

卫兵和行人都听不到阿尔马蒙的叫声，他跟在马后追了很久，终于跑不动了。奥玛知道奸计得逞，便想奚落奚落阿尔马蒙。他勒住马，得意洋洋地对阿尔马蒙喊："你丢了千里马，连一个铜子儿也没得到，都是因为你太慈悲了。你还有什么要说的？"

"马可以归你，但我有个要求，"阿尔马蒙大声说，"别告诉人们你骗千里马的方法。"

奥玛哈哈大笑说："原来哈里发也怕别人嘲笑！"

"不。"阿尔马蒙喘着粗气回答，"我是担心人们听说这个骗局后，会怀疑昏倒在路边的人都是强盗。说不定哪一天，你我也会染疾倒卧路边。那时，谁来帮助我们呢?"

听了这话，奥玛一声不响地掉转马头，奔回阿尔马蒙身边，含泪求他宽恕自己的罪过。阿尔马蒙不计前嫌，请奥玛回王宫，像贵宾一样招待他，两人结下了深厚的友谊。

奥玛后来成了巴格达历史上最受人爱戴的大法官之一。

80. 勇敢的弟弟

一天下午的黄昏，在非洲刚果河上，有两个男孩划着小木舟回家。他们是两兄弟，哥哥耶里，弟弟波大果，他们是划船出来游玩的。不料玩得忘了时间，这时见太阳落山了，才想起要赶快把这艘木舟划回家去。

两兄弟合力摇着船桨。船是用一条圆木雕成的小木舟，只能在平静的小河里划着玩，如果稍有震动，就会翻覆沉没。

当波大果一边划桨，一边远望着西天的夕阳时，他忽然发现远处的河面上正有一条鳄鱼向这边游来。

耶里也同时发现了鳄鱼，他喊道："鳄鱼！吃人的鳄鱼来了!"远处的水面上浮出绿色的鳄鱼头、背，鳄鱼在水中划出大水波，很远就能听到"嘶嘶"的水响。

这时，船正在河中心，要划到河岸边，至少还要半小时才能到达。后面的鳄鱼却不到几分钟就会追到，眼看着他们就要变成鳄鱼的晚餐了。他们年纪不大，凭他俩的力气是打不过那条鳄鱼的。

正当他们不知如何是好时，那条大鳄鱼已经张开血盆大口，游到离船尾不到 10 米的地方。

"逃命啦!"哥哥耶里惊慌失措，发疯似的跳到河里，潜水游向

179

附近的河岸。

弟弟波大果，年纪小，力气更小，即使跳到水里也游不到岸边。这时鳄鱼已游得更近，距离船头只有两、三米远。此刻，他只来得及想一件事：怎样才不会被鳄鱼当晚餐？因为现在一切只能靠自己了。

这时大鳄鱼纵起了它的头向船尾冲来。

说时迟，那时快，波大果也不知是从哪里来的勇气，在鳄鱼正抬头张口冲来的同时，他也上前一步，站到船头上，弓着腰背，纵身高高跳起，张开双臂，扑到鳄鱼的背上，全身都落到鳄鱼头、嘴的背后。

鳄鱼这时似乎有点儿惊慌，用头向船头撞去。它撞船的冲力，正好使波大果的身体在其背上一旋，旋到另一个方向。

波大果正好趁机用双臂紧紧扼住鳄鱼嘴下的颈部，用双腿全力夹住鳄鱼背。

鳄鱼发狂似的在水中挣扎，波大果拼命扼紧它的咽喉不肯放松。最后，鳄鱼在河水中向前游去。波大果发觉鳄鱼已逐渐不再挣扎了，他感觉到自己等于是骑着鳄鱼顺水游了。

波大果的一双手臂依然紧扼鳄鱼的颈不敢放松，他知道，鳄鱼的力气太大了，他怕扼在鳄鱼颈的手臂一旦被挣脱，那他就再也不能控制鳄鱼，那时一定会被鳄鱼一口吞下。

他就这样扼紧鳄鱼，在河面上向前游着。

在死亡的恐怖中，他不知这样游了多久，只见天色渐渐暗了下去，河水与河岸的距离究竟还有多远，他也没有心思去看。

不久，波大果忽然发觉鳄鱼不动了，定睛一看，眼前竟是河边的沙滩。

是鳄鱼要到河滩来休息吗？他不明白，也不敢多想。

他心中突然欢喜了，即使鳄鱼这时再要咬人，他也可以在陆地上飞快逃走的。因此，他就纵身跳到鳄鱼的右侧，疯狂地向前跑了几十步才停下来。他回过头，在月光下，看到自己一路"骑"来的那条大鳄鱼，依然伏在河滩那个老地方

他走回去，壮着胆子蹲下来仔细看了看，只见鳄鱼双眼紧闭。他伸手试探鳄鱼的颈部，发现鳄鱼竟然完全停止了呼吸。

他高兴极了，跑到一棵树下找来几根树藤，绑住鳄鱼的颈项，向前拖去。他拖得很吃力，拖一会儿，休息一次，最后终于绕过小路回到自己的家。

全家人听了事情的经过，不禁目瞪口呆。

原来，当这个小男孩在遭遇危险时，他在求生本能的驱使下，连害怕都来不及了，他那紧扼鳄鱼颈的手臂就在这顷刻之间，产生了一种神奇的力量。鳄鱼虽然力大而凶残，但它颈部被波大果扼得太紧，最终因无法呼吸而死去。

在死亡边缘独自战胜鳄鱼的 16 岁小男孩波大果，成为非洲报纸上的热门传奇人物。

81. 百合姑娘

从前，有个叫庄武的青年，他每天天不亮就下地干活儿。汗水滴落到地里，竟长出了一株百合花。一天，从百合花里走出了一个姑娘，他们结为夫妻。两年过后，庄武逐渐懒惰起来。百合姑娘一气之下，离开了他。庄武悔恨极了，又开始起早贪黑地干活儿。

终于，在一天夜里，百合姑娘悄悄地回到了庄武的身旁。

82．半瓶醋的故事

有个人将一个装满醋的瓶子和一个装半瓶醋的瓶子挂在骡车边去赶市集。骡车一走动，半瓶醋就高兴极了，开始唱起歌来。

半瓶醋的歌虽然唱得不好，可兴致一来，就唱个不停，越唱越高兴。他得意地问满瓶醋："嘿！朋友！我唱得怎么样啊？"

满瓶醋一言不发。

"喂！我在叫你呢！你说话啊！"半瓶醋说。

满瓶醋依然没有说话。

半瓶醋不屑地说："真是笨呀！自己不会唱歌，又不懂欣赏别人唱歌！"半瓶醋又继续唱，这时，骡车经过了一个小山坡，半瓶醋停止唱歌，开始跳起舞来，为了表示自己的舞技高超，甚至还翻筋斗。

"哇！太好了！"半瓶醋大声叫起来。他又问满瓶醋："嘿！你会跳舞吗？你看我跳得美不美？"

满瓶醋还是一言不发。

半瓶醋长叹一口气："唉呀！真是没办法，不懂唱歌也就罢了，连跳舞也不懂得欣赏，你的人生又有什么意义呢？"

就这样，一路上半瓶醋又跳又唱，甚至因为太激动了，把瓶塞都冲掉了，不但泼洒在地上，瓶里还进了许多尘土。

满瓶醋沉默不语。

到了市集，农民把两瓶醋拿下来，他看见了半瓶醋："糟糕！怎么瓶塞掉了，只剩一点点醋，又进了尘土，干脆倒掉罢！"

于是，他把半瓶醋倒在地上，正要被尘土吸干时，半瓶醋还猛力地跳了几下，大声向满瓶醋呼救："嘿！兄弟，救救我呀！"

满瓶醋终于说话了："作为醋，只要做好调味的事情就完成了生命的意义，唱歌跳舞的事应该留给别人做呀！"

半瓶醋说不出话来，消失在尘土中。

83. 你是别人的一棵树

有个人一生碌碌无为，穷困潦倒。一天夜里，他实在没有活下去的勇气了，就来到一处悬崖边，准备跳崖自尽。

自尽前，他号啕大哭，细数自己遭遇的种种失败挫折。崖边岩石上有一株低矮的树，听到这个人的种种经历，也不觉流下眼泪。人看到树流泪，就问它："看你流泪，难道也同我有相似的不幸吗？"

树说："我怕是这世界上最苦命的树了，你看我，生长在这岩石的缝隙里，没有吃的，没有喝的，终年营养不足；这里环境恶劣，我不能正常生长，现在变得丑陋无比；别人都以为我坚强无比，其实我是生不如死呀。"

人听完，不禁与树同病相怜，就对树说："既然这样，为什么还要活着呢，不如我们一起死去吧！"

树想了想说："死，倒是很容易的事，但我死了，这崖边就再没有其他的树了，所以我不能死。"

树接着说："你看到我头上这个鸟巢没有？这个巢是两只喜鹊一起筑的，一直以来，他们在这巢里栖息生活，繁衍后代。我要是不在了，这两只喜鹊该怎么办呢？"

人听完树的话，忽然明白了些什么，就从悬崖边退了回去。

84. 懂得付出

有一个人在沙漠中行走了两天，途中遇到了风沙暴。一阵狂沙吹过之后，他已认不得正确的方向。当快撑不住的时候，突然，他发现了一间废弃的小屋。那是一间不通风的小屋子，里面堆了一些枯朽的木材。他非常绝望地走到后院，却意外地发现了一架抽水机。

他兴奋地走上前去汲水，可是怎么抽也抽不出半滴水来。这个人失望地坐到地上，却发现抽水机旁有一个用软木塞堵住瓶口的小瓶子，瓶子上贴了一张泛黄的纸条，纸条上写着：你必须用瓶子里的水灌入抽水机才能引出水来。但是不要忘了，在你离开前，请再将瓶子装满水！他急忙拔开瓶塞，发现瓶子里果然装满了水。但是，他的内心却开始进行了激烈地斗争。如果自私点，只要将瓶子里的水喝掉，他就不会被渴死，就能活着走出这间屋子；如果照纸条上说的做，把瓶子里仅有的水倒入抽水机内，万一水抽不出来，他就会被渴死在这个地方了……到底要不要冒险？

最后，他决定把瓶子里仅有的水，全部灌入那架看起来破旧不堪的抽水机里，然后用颤抖的双手汲水，水真的大量涌了出来！

他喝足水后，又把瓶子装满水，用软木塞封好，然后在原来那张纸条后面，加上了他自己的留言：相信我，真的有用，在取得之前，要先学会付出。

85. 在困难面前多一份勇气

一个年轻人和一个老年人，分别在夜晚不同的时间里穿过一处阴森的树林，并且，大家都知道，树林中躲着几只恶狼。

老年人出发以前，别人劝他还是不去的好，可老人说："我已经与森林那边的人约好了，今晚无论如何要赶到。再说，反正我已经60多岁了，让狼吃了也没什么了不起。"

于是，老人走了，他准备了一根木棍，一把斧头，很快走进了森林。几小时后，当老人走出树林时，他已经筋疲力尽。灯光下，人们看见老人身上有许多血迹。

年轻人临行前，别人也同样劝他别去的好，年轻人犹豫了一下，他想：老人都去了，我要是退缩的话多没面子。于是，他学着老人的话说："我也已经与树林那边的人约好了，怎能不去呢？"接着又说："要是那老人和我一起走，该多好啊！毕竟两个人安全些。我还年轻，以后的日子还长着呢！"说这话的时候，年轻人因害怕而浑身发抖。

那晚他也走进了树林，但人们却没能见到他到达树林的那边。天亮的时候，人们只在那片树林里见到一堆新鲜的骨头。

人们都说两强相遇勇者胜，勇气与年龄无关。

86. 脚印

小男孩的隔壁刚刚搬来一个新邻居。男主人发现以前的车道不是很平，便又重新用水泥抹了一遍。

这天，小男孩放学回来后，在门口踢球玩，他一用力，球被踢到了隔壁邻居家门前的草坪上。他赶忙跑过去准备捡回来接着踢。可是在经过邻居的车道时，他没注意就踩了上去，等他停下来时，平整漂亮的水泥地上已经留下了两个清楚的脚印。小男孩很害怕，他朝四周看了看，没有人，抱起球便溜回家了。

185

小男孩把鞋上沾的水泥洗干净后，坐在门口的台阶上。他心里总是感到不安，想来想去决定把这事告诉邻居伯伯。

　　他敲开邻居的门："真对不起，刚才我不小心踩到您的水泥车道上了。"邻居和小男孩一起来到现场。看到小男孩留在车道上的脚印后，邻居伯伯并没有生气。他拍拍小男孩的肩膀说："你做得很好。幸亏你现在告诉我，还来得及修补。如果你不告诉我的话，等到水泥干了，那你的两个小脚印就得一直留在上面了！你勇于承认错误，是个好孩子。"

87. 甘甜的不只是井水

　　在通往某旅游区的路旁，住着一位心地善良的老人。老人有一口井，据说那口井打到了泉眼上，不仅水量充裕，而且特别地清澈、甘甜，来往的过路人喝一口他的井水，总忍不住要喝第二口。

　　在旅游的旺季，那些来自远方城市的大小车辆，总会在老人的小屋前停下来。那些游客中偶有一人喝了老人的井水，总会惊讶地大声呼唤同伴快来品尝。

　　于是，众人就拥到老人的井旁，痛快地喝着井水，不住地赞叹，说那井水比他们随身携带的高级饮料还好喝，有的游客干脆倒了饮料，灌上井水；有的游客喝完觉得不过瘾，就向老人借个壶装上满满的一壶井水，带在身上。

　　老人看着那些城里人畅快地饮着井水，听着不绝于耳的赞美，心里美滋滋的，嘴里不断地让着："好喝，就多喝点儿，这井水喝不坏肚子，还能治病呢！"

　　看老人如此热情，又听说井水还能治病，游客们喝得更来劲儿了。有不少人临走时，还没忘了用大壶小桶装得满满的，说带回去

186

给家里人尝尝。

游客中有人就嬉笑说："老人家，喝你的井水，你应该收费啊！"

老人就摇头："喝点儿水，还收什么费呢？愿意喝，你们就管够喝。"

看到老人如此慷慨，很多游客就把身上带的好吃的、好喝的，争着、抢着往老人手里塞，说让老人品尝品尝他可能没吃过的城里带来的东西。

老人一再推让不得，就像欠了游客许多似的，忙着跑到园子里，摘些新鲜的瓜果塞到大家兜里，看着他们高高兴兴地吃着、喝着，他也兴奋得跟过年似的。

就这样，不知不觉过了好几年，老人和他的那口井不知接待了多少游客。

有一年，老人病了，被他的儿子接到县城里了，他的一个侄子来替他看屋。

游客又来喝井水了，他的侄子见此情景，觉得发财的机会到了，就灌了许多瓶井水，摆放在路口，标价出售。

奇怪的是，竟无人问津。

老人的侄子就埋怨：这些城里人真抠，光想不花钱喝水。游客们则议论纷纷：井水都拿来卖钱了，这人挣钱也真是挣绝了，再说他那瓶子干净吗？水里放别的东西了没有？

于是，老人的小屋前，再没了往年热闹的场面，人们下车也只是方便方便，没人去讨水喝，更没有人给老人的侄子送东西了。似乎人们忘了或根本不知道眼前还有一口清泉，那清澈、甘甜的井水，足以让人陶醉。

老人病好归来后，又开始免费供应井水，游客前来喝水的又渐渐地多了起来，游客们纷纷地给老人带来很多物品，有的还很贵重，老人推都推不掉，还有不少人真诚地邀请老人去城里做客……

道理就这么简单：一样清澈、甘甜的井水，慷慨地馈赠，得到的是真诚的感激和酬谢；而一味地贪图回报，则收获的是无端的怀疑和必然的冷落。如那句俗语所言"送人玫瑰，手有余香"，多给他人一些滋润，自己也必将得到滋润。

88. 富足的体验

帕霍姆已经很富有了，但仍然不满足。为了得到更多的土地，他去向巴什基尔人买地。巴什基尔人的首领告诉他："我们卖地不是一亩一亩地卖，而是一天一天地卖，在这一天时间里，你能圈多大一块地，它就都是你的了，但是如果日落之前你不能回到起点，你就一块土地也得不到。"

这天早晨，人们来到一个小山冈。

帕霍姆出发了，他大步往前走，每块地都很好，丢掉可惜。他就一直向前走去，直到看不见出发点才拐了弯。这时看看太阳，已到中午，天变得热起来。帕霍姆稍微休息了一会儿，吃了些干粮，喝了些水，又继续前进。天气热极了，而且他觉得困倦得很，但他仍不停地走着，心里想：忍耐一时，享用一世。

他往这个方向走了许多路，抬头望一望太阳，已经到了下午。"不行了，"他想；"只好要一块斜地，我得走直路赶回去。就要这么多，地已经够多的了。"

帕霍姆连忙做个标记，取直路朝山冈走去。他开始觉得吃力，身上出了许多汗，他很想休息一下，但是不能，怕日落前走不到终点。他看一看前方的山冈，又看一看太阳，终点还远，而太阳已经快到天边了。

帕霍姆继续这样向前走，他已经很吃力了，但是还在不断地加快步伐。帕霍姆又看看太阳，太阳已经到了地平线上，并且开始下沉，形成一个弯弓。他使出最后的力气向前冲去，两只脚好不容易跟上，使身体不致摔倒。帕霍姆一口气登上山冈。他两腿一软扑倒在地，两手伸出去够着了起点。

帕霍姆的雇工跑过去，想扶他站起来，而他口吐鲜血，已经死了。

89. 生活对爱的最高奖赏

一个鞋匠，在这条街的拐角处摆摊修鞋有好多个年头了。

有一年冬天，他正要收摊回家的时候，一转身，看到一个孩子在不远处站着。看上去，孩子冻得不轻，身子蜷缩着，手已经冻裂了，耳朵通红通红的，眼睛直愣愣地盯着他，眼神呆呆的。

他把孩子领回家的那个晚上，老婆就和他怄了气。对于这样一个流浪的孩子，有谁愿意管呢？更何况，一家大大小小的几口人，吃饭已经是问题，再添一口人日子就更困窘。他倒也不争执，低着头只是一句话："我看这孩子可怜。"然后听凭老婆劈头盖脸地骂。

尽管这样，这孩子还是留了下来。鞋匠则一边在街上钉鞋，一边打听谁家走丢了孩子。

两年多的时间过去了，并没有人来领这个孩子，孩子却长大了许多，懂事听话，而且也聪明。这家人逐渐喜欢上了这个孩子，家里即便生活非常困难，也舍得拿出钱来，为孩子买穿的和玩的。街坊邻居都劝他们把孩子留下来，老婆也动了心思。有一天吃饭，她对鞋匠说："要不，咱们把孩子留下来。"鞋匠呆了半晌没说话，最后他把碗往桌上一丢："贴心贴肉，他父母快想疯了，你胡说什么。"

鞋匠还是四处打听，他一刻也没有放松对孩子父母的找寻。他求人写下好多的启事，然后不辞辛苦地贴到大街小巷。风刮雨淋之后，他就重新再来一遍。甚至有熟人去外地，他也要让人家带上几份，帮他张贴。他找过报社，没有人愿意帮这个忙，电视台也没有帮助他的意思。他把该想的办法都想了，心中只有一个念头：一定要找到孩子的父母。

终于有一天，孩子的父母找到了这个地方，他们只是说了几句感谢的话，就急匆匆的带着孩子走了。左右的人都骂孩子的父母没良心，鞋匠却没有计较多少。后来，一起摆摊的人都讥笑他，说他傻。他只是呵呵地笑，什么也不说。

生活好像真拿鞋匠开了玩笑，这之后便再没有了任何音信。后来，他搬离了那座小城，一家人掰着指头计算着孩子的岁数，希望长大了的孩子能够回来看看他，但是，也没有。再后来又数次搬家。然而直到他死，他也没有等到什么。

若干年后，有一个人因为帮助寻找失散的人而成了名，他在互联网上注册了一个关于寻人的免费网站。令人们惊奇的是，网站的名字竟然是鞋匠的名字。在网站显要的位置上，是网站创始人的"寻人启事"，而他要寻找的，就是很多年以前，曾经给过流落在街头的他无限爱和帮助的一个鞋匠。

网站主页上，滚动着这样一句耐人寻味的话：当你得到过别人爱的温暖，而生活让你懂得了把这温暖亮成火把，从而去照亮另外的人的时候，不要忘了，这就是生活对爱的最高奖赏。

90. 哭巴精丫丫

丫丫是个非常漂亮的小姑娘。但是，她却有一个坏毛病——爱哭鼻子。因此，幼儿园的小朋友都叫她"哭巴精丫丫"。一天，小朋友们都在玩具室里玩儿。丫丫最喜欢的洋娃娃被别的小朋友拿走了。她不高兴了，眼泪像断了线的珠子一样掉下来。丫丫哭得太厉害了。她的眼泪掉在地上，由一汪水变成了一条眼泪河，向外流去。小朋友们看到这么多水，都吓得哭起来。现在，幼儿园里一片哭声，小朋友们的眼泪掉到眼泪河里，河水更多了，流动的声音更大了：我爱哭！我是哭巴精！玩具室里的玩具都漂起来了。这时，洋娃娃漂到了丫丫面前。她看到洋娃娃，就拿起来，眼泪还没干就笑了。丫丫笑了，小朋友们也都笑了。大家一起唱：我爱哭，我是哭巴精！丫丫听了，小脸红扑扑的。从那以后，可爱的丫丫再也不哭了。

91. 谁是最懒的人

有4个懒汉，天天什么都不干，就是比懒。

第一个懒汉说："有一天，我在草地上睡觉，马吃光了我的头发，我都没管它，"

第二个懒汉不屑地说："你有我懒吗？我身上的衣服都已经穿了3年了，从来没洗过。"

第三个懒汉说："我才是最懒的人，我吃饭都懒得吃，还是我妈喂我，我才勉强吃点儿。"

第四个懒汉说："那天，我一个人躺在路上。一辆卡车过来了。我实在是懒得动，就眼看着车从我腿上轧过去了。这样，我的腿就被轧断了……"

其他3人听了，一致认为第四个懒汉才是最懒的。

92. 不要成为卑贱的人

歌德小时候一直不爱学习。他的父亲无论采用何种方式，小歌德仍然成天无所事事。为此，小歌德不知道受到了多少次的责骂，挨了多少次打。

一次偶然的机会，歌德的父亲见到了著名的人类学家福斯贝特·库勒。由于库勒博士非常热衷于教育，便对歌德父亲讲述了许多名人的教育情况。

库勒博士讲述的事情使歌德父亲深受启发，回家后便改变了对待孩子的态度，并采用了全新的教育方法。

他不再要求小歌德完全服从他的意愿，而是常常向他讲述历史上一些伟人的事迹，并告诉他伟人们在小时候都是热爱学习的孩子。就这样，小歌德对学习有了新的认识，在他的心目中形成了热爱学习与高尚、伟大相关联的概念。

有一天，歌德的父亲正在与友人谈论一个他们不久之前遇到过的一个流浪汉。当他发现小歌德就在不远处玩耍时，便故意提高了说话声："听说那个流浪汉从小就不爱学习，整天游手好闲，认为不学知识照样能生活得很好。没想到，当他长大后想为自己找个出路，可已经太晚了。因为他什么都不懂，什么都不会，只能成为一个靠乞讨生活的卑贱的人。"

小歌德听到了父亲的话，突然感到了一种以前从未有过的震动。他想：我应该做高尚的人还是卑贱的人呢？

显然，小歌德愿意做一个高尚的人。因为第二天，小歌德表现出了以往从未有过的举动。他主动要求父亲教他学习知识，并不顾一切地拼命学习起来。

从那以后，刻苦的学习始终伴随着歌德的一生。最终，他达成了自己的愿望，成了一个令人尊敬的高尚的人。

93. 自律者律人

很久以前，有一个牧羊人到山上放羊时，发现了一只孤零零的小狼，于是他就把小狼抱回家，希望能够把它训练成可以帮他牧羊的好帮手。

这只狼跟着牧羊人渐渐长大了。在牧羊人的管教、训练之下，它学会许多牧羊的技术，也常常帮牧羊人到山坡上放羊。因为有这样一个好帮手，牧羊人感到很欣慰。

牧羊人的邻居也是牧羊的，而且他家的羊又白又胖，还特别多。牧羊人羡慕极了，好想去偷，可是又怕被发现，迟迟不敢下手。

终于有一天，牧羊人对那只捡来的狼说："狼啊！我把你抚养这么大了，你还是为我做些我不能做的事吧。我很喜欢隔壁人家养的那些羊，你去替我偷几只回来好吗？"

这只狼非常听话地在半夜里跑去偷了两只小羊回来，牧羊人高兴得不得了，不断地称赞这只狼的聪明和勇敢。可是，没过几天，牧羊人却发现自己的羊也少了好几只，他非常生气地把狼找来质问："我的羊是不是你偷走的？"

狼得意地回答说："没错！是你教我如何偷窃的，因此，你也得小心你自己的羊，随时可能会被偷走。"

94. 美丽的心灵

有个女孩长得很平凡，学习也很一般，歌唱得也不好，更不会跳舞。她经常看着镜子中的自己叹息，恨上天对自己的不公平。升入中学后她更加沉默，看着别的同学又唱又跳，口才也那么好，她总是躲在角落里用自卑把一颗心紧紧地困住。

她学习很努力，成绩却很一般，为此她不知偷偷哭过多少次。班上的同学没有人注意她，下课时别人都去操场上玩去了，她便去把黑板擦得干干净净，把地面扫得一尘不染。夏天时，她细心地在地上洒上水；冬天时，她把门口和教室里大家带进来的雪扫净，免得同学们进来时滑倒。没有人注意到她所做的一切，她也不想让别人知道，只是觉得自己应该这么做。

可是有一次同学们却都注意到了她。那天她迟到了，当她来到班级时，班主任的课已讲了一半。当她怯生生地喊了一声"报告"走进教室时，同学们的目光都投到了她身上，随即教室里响起了一阵笑声。原来她的衣服很零乱，头发也梳得不整齐，一看就知道是起晚了胡乱穿上衣服就赶来了。她低着头站在那里，眼泪都快流出来了，班主任老师走过去帮她整了整衣服，微笑着说："快回到座位去吧，课已讲了一半了，如果听不明白下课后找我。"她回到座位上，脸红红的。

有一次开班会，老师让大家说一下自己的特长。于是每个人都兴奋起来，轮流发言，有的唱歌好、有的跳舞好、有的会书法、有的能画画、有的会弹钢琴。她坐在那里静静地听着，脸上带着羡慕的微笑。忽然，老师叫了她的名字，她一惊，红着脸站起来小声说："老师，我没有特长。"老师走到她的身旁，轻轻地抚摸她的头，对大家说："你们也许不会注意到，平时是谁在课间把地面扫得干干净净，是谁每天早早地来到教室把每张书桌擦得一尘不染。这就是艾河同学，她一直默默地做着这一切。有一次她迟到了，你们还嘲笑她，你们知道那次她为什么迟到吗？她帮一位老大妈把一袋大米搬上了四楼啊！你们一定奇怪我是怎么知道的，那个老大妈就是我的邻居啊！同学们，你们都有各方面的才华，艾河同学却没有，可是她有一颗美丽的心，美丽的心灵也是特长啊！"教室里响起了一片热烈的掌声，大家第一次发现，这个平时没人注意的女孩原来竟是这样美丽。

95. "我只写了几个音符"

这是贝多芬的歌剧《费德里奥》举行最后一场预奏。尽管天气寒冷，还是有那么多的人赶来，音乐是迷人的，大家很快就陶醉了。突然，有人发现怎么演员和乐队老合不到一块儿？台上的演员怒目圆睁，可乐队确实是按指挥棒在进行。"见鬼！重来。"乐队停下重新开始，仍然是一片混乱。人们议论纷纷。

这时，担任指挥的贝多芬呆呆地站在指挥台上，莫名其妙地看着骚动的乐队，想从那一张张神情不安的脸上猜出症结所在，可大家都不做声，没有人忍心对这位可怜的指挥说："走开吧，你这个聋子！"然而贝多芬还是明白了。他突然扔掉指挥棒，一口气跑回家中，倒在椅子上，沉默了很久。在世界著名的音乐家中，大概没有一个人的命运比贝多芬更坏的了。

他的耳聋始于28岁时。先是耳朵日夜作响，接着听觉一天天衰退。头几年他还瞒着别人，躲避一切交际，甚至最心爱的人。到1801年，他在戏院里已必须坐在第一排才能听见演员的歌声。第二年，他去野外散步，便再也听不见农夫的笛声了……

《费德里奥》预奏指挥失败两年后，即1824年5月7日，贝多芬的《第九交响曲》在维也纳首次上演，这是贝多芬艺术生涯中最辉煌的作品，仍然由他亲自担任指挥。演奏结束时，观众的掌声、欢呼声久久回荡在剧场上空，也不知有多少人流下了激动的眼泪。

然而，贝多芬丝毫没听见观众的喝彩声，直到女歌手温葛尔从乐队里走出来，把他面向观众时，他才明白是怎么回事。终场后他感动得晕了过去。

谁也没想到，这竟是贝多芬最后一次出现在观众面前。

贝多芬的一生是悲惨的，世界不曾给过他欢乐，他却创造了欢乐给予世界。而临终时，他口中仍这样感叹："唉，我只写了几个音符！"

96. 老人与黑人小孩

一天，几个白人小孩儿在公园里玩。这时，一位卖氢气球的老人推着货车走进公园。白人小孩儿一窝蜂地跑了上去，每人买了一个气球，兴高采烈地追逐着飞的气球跑开了。白人小孩儿的身影消失后，一个黑人小孩儿怯生生地走到老人的货车旁，用略带恳求的语气问道："您能卖给我一个气球吗？"

"当然可以，"老人慈祥地打量了他一下，温和地说，"你想要什么颜色的？"

他鼓起勇气说："我要一个黑色的。"

脸上写满沧桑的老人惊诧地看了看这个黑人小孩，随即递给他一个黑色的球。

他开心地接过气球，小手一松，气球在微风中冉冉升起。

老人一边看着上升的气球，一边用手轻轻地拍了拍黑人小孩的后脑勺，说："记住，球能不能升起，不是因为它的颜色，而是因为气球内充满了氢气。"